Bartolomé de Las Casas (1474-1566), der Bischof von Chiapas in Mexiko, lebte seit 1502 in den spanischen Kolonien Mittelamerikas und wurde Zeuge der Ausrottung der Indianer durch die Conquistadoren. Er veröffentlichte seinen Bericht 1552, die Dokumentation eines Völkermords von riesigen Ausmaßen, eine Sammlung von Greueln und Monstrositäten, über die die Diskussion nie zum Stillstand kam. Der Kommentar Enzensbergers bringt Daten über die Glaubwürdigkeit des Berichts und berücksichtigt auch die Argumente der Gegenseite.

insel taschenbuch 553

Las Casas

Verwüstung der

Westindischen Länder

Bartolomé de Las Casas
Kurzgefaßter Bericht von der Verwüstung der Westindischen Länder

Herausgegeben von
Hans Magnus Enzensberger

Insel Verlag

Deutsch von D. W. Andreä
Titel des Originals:
Brevísima relación de la destrucción
de las Indias occidentales.
Die deutsche Übersetzung von Andreä
erschien erstmals 1790 in Berlin.

insel taschenbuch 553
Erste Auflage 1981

Vertrieb durch den Suhrkamp Taschenbuch Verlag
Umschlag nach Entwürfen von Willy Fleckhaus
Satz: LibroSatz Kriftel
Druck: Nomos Verlagsgesellschaft, Baden-Baden
Printed in Germany

4 5 6 7 8 9 - 95 94 93 92 91 90

Kurzgefasster Bericht von der Verwüstung der Westindischen Länder

Indien[1] ward im Jahr Ein tausend vierhundert und zwei und neunzig entdeckt. Im folgenden Jahre bauten sich bereits spanische Christen darin an, so daß nunmehr seit neun und vierzig Jahren sich eine Menge Spanier daselbst befinden. Die Gegend wo sie zuerst sich niederließen, war die große herrliche Insel *Hispaniola*[2], die gegen sechshundert Meilen im Umkreis enthält. Rings um sie her liegen überall noch andere sehr große Inseln, die sämtlich – denn wir haben sie alle besehen – so bewohnt, so stark mit eingeborenen Indianern besetzt waren, als das volkreichste Land in der Welt.

Das feste Land welches dieser Insel am nächsten liegt, ist ungefähr zweihundert und funfzig Meilen von derselben entfernt, und erstreckt sich auf zehntausend Meilen längs der Seeküste hin. So viel hat man nur erst entdeckt; aber täglich entdeckt man desselben noch mehr. In denjenigen Gegenden, die bis zum Jahr ein tausend fünfhundert und ein und vierzig bekannt geworden sind, wimmelte es von lebendigen Geschöpfen, wie in einem Bienenstock. Es schien nicht anders, als habe Gott die ganze Masse, oder doch wenigstens den größten Teil des Menschengeschlechtes, in diesen Erdstrich verpflanzt.

Alle diese unzähligen Menschen von verschiedenem Schlage, schuf Gott einfältiglich, ohne Falsch und Arg. Sie waren sehr folgsam, äußerst treu, sowohl ihren ursprünglichen Herren, als den Christen welchen sie dienten; waren demütig, geduldig, friedliebend und ruhig; kannten weder Streit, noch Zwietracht, noch Zank; wußten nicht einmal, daß Groll oder Haß oder Zwietracht oder Rachsucht in der Welt vorhanden sei. Es sind Leute von schwächlicher zarter Leibesbeschaffenheit, sie können nicht viel Beschwerden ertragen, und sterben leicht an der geringsten Unpäßlichkeit. Fürstensöhne und Leute von Stande, die bei uns in Üppigkeit und Wohlleben erzogen wurden, sind vielleicht nicht so schwächlich, wie diejenigen, die bei ihnen unter die Klasse der Tagelöhner gerechnet werden. Sie sind hiernächst sehr arme Leute, besitzen wenig von den Gütern der Erde und trachten auch nicht darnach; deswegen sind sie auch weder stolz, noch hoffärtig, noch habsüchtig. Ihre Nahrung ist von der Art, daß selbst die heiligen Väter in der Wüste nicht spärlicher, armseliger, kümmerlicher gelebt haben mögen. Ihre Kleidung ist gewöhnlich ein Stück Fell, womit sie die Scham bedecken; wenn es hoch kommt, so tragen sie einen Mantel von baumwollenem Zeug, der etwa anderthalb oder zwei Ellen ins Gevierte enthält. Ihr Lager besteht aus einer Matte von Schilf; höchstens schlafen sie in Decken, die wie Netze aufgehangen, und von den Einwohnern der Insel Hispaniola *Hamacas*[3] genannt werden. Sie sind von schnellem, unbefangenem, durchdringendem Fassungsvermögen; gelehrig und empfänglich für gute Grundsätze, voll Fähigkeit unsern heiligen katholischen Glauben anzunehmen, und sich an gottseligen Wandel zu gewöhnen. In dieser Rücksicht findet man bei ihnen weit weniger Hindernisse als bei allen übrigen Sterblichen, die Gott auf diesem Erdball erschuf. Sobald sie nur das geringste von Glaubenssachen hören, sind sie äußerst begierig noch mehr zu lernen, bezeigen auch sehr viel Eifer im Gebrauch der Sakramente, wie in gottesdienstlichen Handlungen überhaupt. Ich kann mit Wahrheit sagen, daß Gott denjenigen Geistlichen, welche sie hierin befriedigen wollen, die Gabe der Geduld in vorzüglichem Maße verleihen muß. Mit einem Wort, ich habe es häufig mit angehört, daß weltliche Spanier sogar, die mehrere Jahre sich dort aufgehalten hatten, und die Gutmütigkeit dieses Volkes nicht in Abrede stellen konnten, zu sagen pflegten: diese Leute wären die glücklichsten auf der Welt, wofern sie nur die wahre Erkenntnis Gottes besäßen.

Unter diese sanften Schafe, die ihr Schöpfer und Urheber mit oberwähnten Eigenschaften begabte, fuhren die Spanier, sobald sie nur ihr Dasein erfuhren, wie Wölfe, Tiger und Löwen, die mehrere Tage der Hunger quälte. Seit vierzig Jahren haben sie unter ihnen nichts anders getan, und noch bis auf den heutigen Tag tun sie nichts anders, als daß sie dieselben zerfleischen, erwürgen, peinigen, martern, foltern, und sie durch tausenderlei eben so neue als seltsame Qualen, wovon man vorher nie etwas ähnliches sah, hörte oder las, und wovon ich weiter unten einige Beispiele anführen werde, auf die grausamste Art aus der Welt vertilgen. Hierdurch brachten sie es dahin, daß gegenwärtig von mehr als drei Millionen Menschen, die ich ehedem auf der Insel *Hispaniola* mit eigenen Augen sah, nur noch zweihundert Eingeborene vorhanden sind. Die Länge der Insel *Cuba* erstreckt sich beinahe so weit als der Weg von Valladolid nach Rom; heutigen Tages ist sie fast ganz von Menschen entblößt. *San Juan*[4] und *Jamaica* sind zwei der größten, fruchtbarsten und anmutigsten Inseln; beide liegen jetzt öde und verheert. Auf der Nordseite von Cuba und Hispaniola liegen die benachbarten *Lucayischen Eilande*[5], sechzig an der Zahl, ingleichen die sogenannten *Rieseninseln*, nebst einer Menge anderer, teils großer teils kleiner Eilande. Das geringste derselben gibt dem Königlichen Garten zu Sevilla sowohl an Fruchtbarkeit als Anmut nichts nach. Es ist der gesündeste Erdstrich unter der Sonne. Ehedem lebten über fünfmalhunderttausend Seelen daselbst; gegenwärtig ist dort kein menschliches Geschöpf mehr vorhanden. Man ermordete sie entweder verräterischer Weise, oder schleppte sie nach der Insel Hispaniola, als man wahrnahm, daß sie fast ganz von Einwohnern entblößt war. Drei Jahre nach dieser großen Menschenernte segelte ein Schiff in der Absicht aus, die übriggebliebenen Stoppeln zu sammeln; denn ein guter Christ[6] faßte den frommen Entschluß, diejenigen Einwohner, die etwa noch vorhanden sein möchten, zum christlichen Glauben zu bekehren. Da fanden sich denn nicht mehr als nur noch elf Personen, die ich mit eigenen Augen sah. Aus gleichem Grunde sind mehr als dreißig Inseln, die in der Nachbarschaft von San Juan liegen, entvölkert und öde. Zusammen betragen sie mehr als zweitausend Meilen Landes, worin man keine Spur mehr von Menschen erblickt.

Was das große feste Land anbetrifft, so kann man als ausgemacht annehmen, daß unsere lieben Spanier durch ihre Grausamkeit und Schandtaten daselbst mehr als zehn Königreiche, die gegenwärtig Einöden sind, ehedem aber stark bevölkert waren, verwüstet und verheert haben. Sie waren größer als ganz Spanien, selbst Aragonien und Portugal mit eingeschlossen, und enthielten zweimal so viel Landes, als der Weg von Sevilla nach Jerusalem beträgt, welches mehr als zweitausend Meilen sind.[7]

Wir können hier als eine gewisse und wahrhafte Tatsache anführen, daß in obgedachten vierzig Jahren durch das erwähnte tyrannische und teuflische Verfahren der Christen, mehr als zwölf Millionen Männer, Weiber und Kinder auf die ruchloseste und grausamste Art zur Schlachtbank geführt wurden, und wir würden in der Tat nicht irren, wenn wir die Anzahl derselben auf funfzehn Millionen angäben.

Die sogenannten Christen, welche hier landeten, wählten zwei ganz untrügliche Mittel, diese bejammernswürdigen Nationen auszurotten, und sie gänzlich von der Oberfläche der Erde zu vertilgen. Fürs erste bekriegten sie dieselben auf die ungerechteste, grausamste, blutgierigste Art; und zweitens brachten sie alle diejenigen ums Leben, von denen sie fürchteten, daß sie nach Freiheit seufzen, darnach schmachten, nur daran denken, oder den Martern, welche sie erdulden mußten, entspringen möchten. So verfuhren sie mit allen den Großen des Landes, und allen freigeborenen Untertanen; im Kriege aber ließen sie überhaupt nur Weiber und Kinder am Leben. Sie bürdeten denselben die härtesten, schwersten, drückendsten Lasten auf, die nicht einmal Vieh ertragen kann, geschweige denn Menschen. Unter diese zwei Hauptarten mehr als satanischer Tyrannei, lassen sich alle übrigen mannigfaltigen und unzählbaren Qualen, gleichsam als untergeordnete Gattungen bringen, wodurch sie jene Völker zu vertilgen suchten.

Die einzige und wahre Grundursache, warum die Christen eine so ungeheure Menge schuldloser Menschen ermordeten und zugrunde richteten, war bloß diese, daß sie ihr Gold in ihre Gewalt zu bekommen suchten. Sie wünschten nämlich, in wenigen Tagen sich mit ihren Schätzen zu bereichern, und sodann sich ungleich höher empor zu schwingen, als es ihr Stand und ihre Verhältnisse erlaubten. Es geschah, ich muß es nur sagen, weil sie einen so unersättlichen Geiz und Stolz besaßen, daß ihresgleichen in der ganzen Welt wohl schwerlich zu finden ist. Es geschah, weil sie in diesen reichen und fruchtbaren Ländern sich festzusetzen wünschten, und weil die Bewohner derselben so demütig, so geduldig, so leicht zu unterjochen waren. In der Tat, sie achteten und schonten sie weit weniger – und ich sage die Wahrheit, denn ich habe es die ganze Zeit über mit angesehen – nicht etwa bloß wie ihr Vieh – wollte Gott, sie hätten sie nicht grausamer als ihr Vieh behandelt! – sondern sie achteten sie nicht höher, ja noch weit geringer, als den Kot auf den Straßen. So sorgten sie für die Erhaltung ihres Lebens und das Heil ihrer Seelen. Ich kann heilig beteuern, daß alle die Millionen Menschen, wovon ich weiter oben sprach, ohne Glauben und ohne Sakrament verschieden sind. Auch ist es eine notorische allgemein bekannte Wahrheit, die selbst jene Tyrannen und Menschenwürger nicht leugnen können, daß nie ein Christ in ganz Indien von den Indianern beleidigt ward. Sie begegneten vielmehr den Spaniern so, als kämen sie vom Himmel[8], und taten dies so lange, bis sowohl sie, als ihre Nachbarn, zuerst auf vielfältige Weise von ihnen gemißhandelt, beraubt, gemartert, und alle nur möglichen Gewalttätigkeiten und Bedrückungen an ihnen verübt worden waren.

Hispaniola

Die Insel Hispaniola war es, wo die Christen, wie ich bereits oben sagte, zuerst landeten. Hier ging das Metzeln und Würgen unter jenen unglücklichen Leuten an. Sie war die erste, welche verheert und entvölkert wurde. Die Christen fingen damit an, daß sie den Indianern ihre Weiber und Kinder entrissen, sich ihrer bedienten, und sie mißhandelten. Sodann fraßen sie alle ihre Lebensmittel auf, die sie mit viel Arbeit und Mühe sich angeschafft hatten. Was die Indianer ihnen gutwillig gaben, war ihnen keineswegs genug; jeder gab zwar nach Vermögen, dies bestand aber immer nur in wenigem; denn sie pflegen niemals sich mehr anzuschaffen, als was sie unumgänglich nötig haben, und ohne viele Arbeit erlangen können. Dasjenige was für drei Familien, jede zu zehn Personen gerechnet, auf einen ganzen Monat genügt, verzehrt und verschlingt ein Spanier oft in einem einzigen Tage. Da sie nun außerdem noch mancherlei Grausamkeiten, Bedrückungen und Gewalttätigkeiten gegen die Indianer verübten, so sahen diese nach und nach ein, dergleichen Menschen könnten unmöglich vom Himmel kommen. Einige verbargen demnach ihre Lebensmittel, andere ihre Weiber und Kinder, noch andere flüchteten sich in die Gebirge, und suchten sich von Menschen zu trennen, deren Umgang so gefährlich und unausstehlich war. Die Christen gaben ihnen Ohrfeigen, schlugen sie mit Fäusten und Stöcken, und vergriffen sich endlich sogar an den Oberherren der Ortschaften. Unter mehreren Beweisen ihrer grenzenlosen Schamlosigkeit und Verwegenheit führe ich nur diesen an, daß ein spanischer Befehlshaber die Gemahlin des größten Königs notzüchtigte, der über die ganze Insel zu gebieten hatte.

Nun fingen die Indianer an, auf Mittel zu denken, vermittelst deren sie die Christen aus ihrem Lande jagen könnten. Sie griffen demnach zu den Waffen, die aber sehr schwach sind, nur leicht beschädigen, wenig Widerstand leisten, noch weniger aber zur Verteidigung dienen. Daher kommt es, daß ihre Kriege nur als Klopffechtereien und Kinderspiel zu betrachten sind. Die Spanier hingegen, welche zu Pferde und mit Schwertern und Lanzen bewaffnet waren, richteten ein greuliches Gemetzel und Blutbad unter ihnen an. Sie drangen unter das Volk, schonten weder Kind noch Greis, weder Schwangere noch Entbundene, rissen ihnen die Leiber auf, und hieben alles in Stücken, nicht anders, als überfielen sie eine Herde Schafe, die in den Hürden eingesperrt wäre. Sie wetteten mit einander, wer unter ihnen einen Menschen auf einen Schwertstreich mitten von einander hauen, ihm mit einer Pike den Kopf spalten, oder das Eingeweide aus dem Leibe reißen könne. Neugeborene Geschöpfchen rissen sie bei den Füßen von den Brüsten ihrer Mütter, und schleuderten sie mit den Köpfen wider die Felsen. Andere schleppten sie bei den Schultern durch die Straßen, lachten und scherzten dazu, warfen sie endlich ins Wasser und sagten: da zapple nun, du kleiner schurkischer Körper! Andere ließen Mutter und Kind zugleich über die Klinge springen, und stießen sie mit den Füßen vor sich hin. Sie machten auch breite Galgen, so, daß die Füße beinahe die Erde berührten, hingen zu Ehren und zur Verherrlichung des Erlösers und der zwölf Apostel je dreizehn und dreizehn Indianer an jedem derselben, legten dann Holz und Feuer darunter, und verbrannten sie alle lebendig. Andern banden, oder wickelten sie dürres Stroh um den Körper, zündeten es an, und verbrannten sie. Andern, die sie bloß deswegen am Leben ließen, hieben sie beide Hände ab, banden sie ihnen an, jagten sie sodann fort, und sagten: gehet hin (wohl zu merken) mit diesem Sendschreiben, und bringt euern Landsleuten, die sich ins Gebirge geflüchtet haben, etwas Neues!

Große und Edle brachten sie gewöhnlich folgendergestalt um: sie machten Roste von Stäben, die sie auf Gabeln legten, darauf banden sie die Unglücklichen fest, und machten ein gelindes Feuer darunter, bis sie nach und nach ein jämmerliches Geschrei erhoben, und unter unsäglichen Schmerzen den Geist aufgaben.

Ich kam einmal dazu, als sie vier bis fünf der vornehmsten Indianer auf solchen Rosten verbrannten. Wo ich nicht irre, so nahm ich noch zwei oder drei dergleichen Roste wahr, worauf Leute geringern Standes lagen. Sie alle machten ein gräßliches Geschrei, das dem Befehlshaber lästig fiel, oder ihn vielleicht im Schlafe störte. Er gab Befehl, man sollte sie erdrosseln; der Alguacil[9] – aber ich weiß seinen Namen, und seine Verwandten zu Sevilla sind mir recht gut bekannt – war weit grausamer als der Henker, welcher sie verbrannte; er ließ sie nicht erdrosseln, sondern steckte ihnen mit eigener Hand Knebel in den Mund, damit sie nicht schreien konnten, und schürte das Feuer zusammen, damit er sie so gemach braten konnte, wie er es wünschte. Alle diese bisher beschriebenen Greuel, und noch unzählige andere, habe ich mit meinen eigenen Augen gesehen.

Da nun alles, was fliehen konnte, sich in den Gebirgen versteckte, und auf die steilsten Felsen klimmte, um diesen grausamen, gefühllosen, den Raubtieren ähnlichen Menschen zu entrinnen; so richteten diese Würger, diese Todfeinde des Menschengeschlechtes, ihre grimmigen Jagdhunde dergestalt ab[10], daß sie jeden Indianer, den sie nur ansichtig wurden, in kürzerer Zeit, als zu einem Vater Unser erforderlich ist, in Stücken zerrissen; die von größerm Schlage fingen die Indianer wie wilde Schweine, und fraßen sie auf. Überhaupt richteten diese Hunde ein greuliches Blutbad unter ihnen an. Da nun die Indianer, welches jedoch nur ein paarmal geschah, einige Christen in gerechtem und heiligem Eifer erschlugen, so machten diese das Gesetz unter sich, daß allemal hundert Indianer umgebracht werden sollten, so oft ein Christ von ihnen getötet würde.

Königreiche, die sich ehedem auf der Insel Hispaniola befanden

Auf dieser Insel Hispaniola gab es fünf verschiedene große Königreiche, und fünf sehr mächtige Könige, denen alle übrigen Herrscher, deren es eine große Anzahl gab, sozusagen gehorchten; doch hatten verschiedene Provinzen ihre eigenen Regenten, die keinen Oberherrn anerkannten. Eines dieser Königreiche ward *Magua* genannt; sie sprachen die letzte Silbe dieses Wortes kurz aus, und es bedeutet in ihrer Sprache so viel, als das Reich auf der Ebene. Diese Ebene ist einer der bewundernswürdigsten Gegenstände auf der ganzen Welt; denn sie erstreckt sich auf achzig Meilen vom südlichen Meer bis an das nördliche. Ihre Breite beträgt bisweilen fünf, mitunter aber auch wohl acht bis zehn Meilen. Auf beiden Seiten ist sie von außerordentlich hohen Bergen umgeben. Es durchströmen sie mehr als dreißigtausend Bäche und Flüsse, deren zwölf so groß wie der Ebro, Douro und Quadalquivir sind. Alle diejenigen Ströme, welche von einem gegen Westen liegenden Gebirge kommen, und deren wohl zwanzig- bis fünf und zwanzigtausend sein mögen, führen sehr viel Gold. Auf diesem nämlichen Gebirge ist die Provinz *Cibao* befindlich, von welcher die Minen den Namen führen, worin jenes vorzüglich reichhaltige Gold bricht, das seines Wertes wegen in so großem Rufe steht.

Der König und Beherrscher dieses Reiches nannte sich *Guarionex*. Er hatte so große und mächtige Herren zu Vasallen, daß einer von ihnen allein imstande war, sechzehntausend streitbare Männer zu seinen Diensten zu stellen. Ich selbst habe einige dieser Vasallen gekannt. Dieser König Guarionex war sehr folgsam, tugendhaft, von Natur friedliebend, und den

Königen von Castilien ganz ergeben. Verschiedene Jahre lang gab jeder seiner Untertanen, der seine eigene Haushaltung hatte, auf seinen Befehl so viel Goldes, als das Innere einer kleinen Glocke fassen konnte. Als sie in der Folge nicht mehr so viel zusammenbringen konnten, hieb man dieselbe mitten durch, und nun füllten sie diese Hälfte voll; denn die Indianer dieser Insel gaben sich wenig oder gar keine Mühe Gold zu sammeln, oder es aus den Minen zu gewinnen. Dieser Cazique wünschte und erbot sich, dem Könige von Castilien einen Dienst zu leisten, und ihm einen Strich Landes urbar zu machen, der sich von Isabella, der ersten christlichen Kolonie, bis nach der Stadt Sanct Domingo erstrecken solle; und dies betrug über funfzig Meilweges. Nur, sagte er, möchte man kein Gold mehr von ihm begehren, weil seine Untertanen nicht wüßten – und es war die Wahrheit – wie sie solches gewinnen sollten. Der Strich Landes, welchen er, seinem Verlangen gemäß, mit Freuden angebaut hätte, würde dem Könige das Jahr mehr als drei Millionen Castilianer[11] eingetragen haben. Überdies hätte jene Pflanzung Anlaß geben können, daß gegenwärtig über funfzig Städte, jede so groß wie Sevilla, auf dieser Insel wären.

Der Lohn, welchen man diesem so mächtigen und guten Herrn und Könige gab, war der, daß ihn ein unchristlicher Befehlshaber entehrte, und seine Gemahlin notzüchtigte. Er konnte auf einen bequemen Zeitpunkt warten, seine Untertanen aufbieten und sich rächen. Statt dessen aber beschloß er, sich zu entfernen, sich ganz allein zu verbergen, seinem Königreiche, seiner Würde zu entsagen, und sein Leben in einer gewissen Provinz zu beschließen, die *Ciguayos* hieß, und von einem seiner Vasallen beherrschet ward. Hierüber entstand ein schreckliches Blutvergießen, bis die Spanier ihn endlich ausspähten, fanden, in Verhaft nahmen, ihn als einen Gefangenen in Ketten und Banden warfen, auf ein Schiff brachten, und nach Spanien schleppen wollten. Dies Schiff aber verunglückte auf dem Meere, wobei nicht allein sehr viel Christen ertranken, sondern auch unter andern, nebst einer großen Menge Goldes, die ungeheure gediegene Goldstufe mit unter ging, die so groß wie ein Aschkuchen war, und dreitausend sechshundert Castilianer wog; denn Gott konnte alle diese Abscheulichkeiten unmöglich unvergolten lassen.

Das zweite Königreich ward *Marien* genannt. Daselbst ist noch jetzt ein Königlicher Hafen an der Spitze der Ebene gegen Norden. Es war weit größer als das Königreich Portugal, auch ungleich fruchtbarer, und würdig von Menschen bewohnt zu sein. Es hat viele und große Gebirge, auch sehr ergiebige Gold- und Kupferminen. Der König desselben nannte sich *Guacanagari*; die letzte Silbe wird kurz ausgesprochen. Unter ihm standen sehr viele und mächtige Herren, deren ich mehrere sah und persönlich kannte. An der Küste dieses Königreichs war es, wo der alte Admiral, welcher Indien entdeckte, zuerst landete.[12] Kaum trat er hier zum erstenmal ans Ufer, als er nebst allen seinen Gefährten von besagtem Guacanagari mit der größten Leutseligkeit und Liebe empfangen ward. Er sorgte auf eine so gefällige liebreiche Art für ihre Unterstützung, ihr Fortkommen – denn sie verloren dort das Schiff, worin der Admiral ausgelaufen war – daß sie selbst in ihrem Vaterlande und von ihren eigenen Eltern keine bessere Behandlung erwarten konnten. Dies alles habe ich wörtlich vom alten Admiral selbst vernommen. Als nachher die Christen die Staaten dieses Königs verheerten und ihn derselben beraubten, suchte er ihrem mörderischen grausamen Verfahren zu entfliehen, verirrte sich aber im Gebirge, und kam darüber ums Leben. Alle übrigen Großen, die unter seinen Befehlen standen, wurden durch Tyrannei und Sklavenarbeit getötet, wie weiter unten erzählt werden soll.

Das dritte Königreich und Gebiet war *Maguana*; ein herrliches, gesundes und fruchtbares Land, wo noch heutigen Tages der beste Zucker verfertigt wird, der auf der ganzen Insel zu haben ist. Der König desselben ward *Coanabo* genannt. Er tat es allen andern an Macht, Würde und Ansehen zuvor, und ließ sich auch mit ungleich größerm Pomp bedienen. Dieser König ward zu einer Zeit, wo er sich in seiner Wohnung ganz sicher glaubte, auf eine ebenso boshafte als listige Weise zum Gefangenen gemacht. Man brachte ihn sodann auf ein Schiff, und wollte ihn nach Castilien schleppen. Im Hafen lagen damals sechs Schiffe, sämtlich zur Abfahrt bereit. Allein Gott wollte den Menschen zeigen, daß sie voll abscheulicher Sünden und Missetaten seien. Er schickte noch in der nämlichen Nacht einen Sturm, der diese Schiffe samt und sonders nebst allen darauf befindlichen Christen versenkte. Erwähnter Coanabo, der in Ketten und Banden lag, ging zugleich mit zugrunde. Dieser Herr hatte drei oder vier Brüder; alle so mutig und tapfer wie er. Als diese sahen, daß man ihren Bruder und Herrn auf eine so ungerechte Weise zum Gefangenen machte; als sie die Greuel und Schandtaten vernahmen, welche die Christen in andern Königreichen verübten; als sie noch überdies den Tod ihres Bruders erfuhren: so griffen sie im Grimm zu den Waffen, fielen die Christen an, und suchten sich an ihnen zu rächen. Die Christen zogen ihnen hierauf sämtlich zu Pferde entgegen – denn diese verderbliche Art zu streiten, fürchten die Indianer am meisten – und richteten ein solches Würgen und Blutvergießen unter ihnen an, daß dadurch die Hälfte des ganzen Reichs entvölkert und verwüstet ward.

Das vierte Reich ist dasjenige, welches den Namen *Xaraqua* führt. Es war sozusagen das Mark, die Kraft, oder vielmehr das allgemeine Hoflager der Insel. Es übertraf alle anderen in Ansehung der Sprache, die hier am reinsten geredet ward; in Ansehung der Höflichkeit und des sittlichen Betragens, welches in der besten Ordnung und Verfassung war; in der Menge großmütiger und edler Taten, denn der größte Teil des Adels und der Vornehmsten hielt sich dort auf; und endlich waren seine Bewohner die schönsten und ansehnlichsten unter der ganzen Nation. Der König und Beherrscher desselben hieß *Behechio*, und hatte eine Schwester, die sich *Anacoana* nannte. Diese beiden Geschwister leisteten den Königen von Castilien die wichtigsten Dienste, und erzeigten den Christen ganz außerordentliche Wohltaten, indem sie dieselben vielfältig aus Todesgefahr retteten. Nach Absterben des Königs Behechio, führte Anacoana die Regierung des Reichs. Einst kam der Gouverneur der Insel[13] mit sechzig Mann zu Pferde und dreihundert Fußknechten zu ihr. Die zu Pferde wären allein schon zureichend gewesen, die ganze Insel nebst dem festen Lande zu verwüsten. Er berief dreihundert der vornehmsten Herren, und versprach ihnen sicheres Geleit. Die meisten derselben lockte er hinterlistigerweise in ein Haus von Stroh. Als sie darin waren, befahl er es anzuzünden, und ließ sie alle lebendig verbrennen. Alle übrigen, nebst ihrem Gefolge, stießen die Christen mit Lanzen darnieder, oder ließen sie über die Klinge springen; die Königin Anacoana aber hingen sie Respekts wegen an den Galgen. Es begab sich, daß verschiedene Christen, entweder aus Mitleid, oder bloß aus Trieb den Beschützer zu spielen, einige Kinder nicht töteten, sondern sie hinter sich auf die Pferde setzten. Da kamen andere Spanier von hintenzu, und durchbohrten sie mit ihren Lanzen, oder rissen sie auf die Erde, und hieben ihnen die Beine mit Schwertern ab. Indessen gelang es einigen wenigen Indianern, diesen unmenschlichen Grausamkeiten zu entrinnen. Sie begaben sich auf eine kleine Insel, die ungefähr acht Meilen meerwärts von dannen liegt. Der besagte Gouverneur aber verdammte alle diejenigen, welche sich dahin geflüchtet hatten, zur Sklaverei, weil sie der Schlachtbank entronnen waren.

Das fünfte Königreich, welches *Higuey* hieß, ward von einer alten Königin regiert, die sich *Higuanama* nannte. Sie ward gefangen, und ich sah Unzählige ihrer Untertanen lebendig verbrennen, in Stücken hauen, durch neuerfundene Todesarten und Martern ums Leben bringen, die übrigen aber sämtlich zu Sklaven machen. Der Nebenumstände, welche sich bei den unter diesen Völkern verübten Mordtaten und Greueln ereigneten, sind so viele, daß die umständlichste Beschreibung sie nicht fassen würde. Ich glaube in Wahrheit, daß ich kaum den tausendsten Teil derselben anführen könnte, wenn ich auch noch so viel davon erzählte. Ich will also nichts weiter von oberwähnten Kriegen sagen, sondern nur schließlich noch die Versicherung beifügen, daß ich vor Gott und meinem Gewissen überzeugt bin, daß die Indianer zu allen bereits angeführten und andern weiter unten anzuführenden Schandtaten und Ungerechtigkeiten ebenso wenig Veranlassung gaben, oder schuld daran waren, als ein Konvent von frommen nach der Vorschrift lebenden Geistlichen schuld daran war, oder Veranlassung dazu gab, daß sie beraubt, erwürgt, oder diejenigen, so mit dem Leben davon kamen, zu ewiger Leibeigenschaft und Sklavendiensten verurteilt wurden. Ich beteure ferner, daß ich weder glauben noch vermuten kann, daß von all den unzählbaren Menschen, die diese Insel bewohnten, bis zu dem Zeitpunkt, wo sie hingerichtet und ausgerottet wurden, auch nur eine einzige Todsünde, die von Menschen bestraft werden darf, gegen die Christen begangen wurde. Andere, deren Bestrafung Gott allein vorbehalten bleibt, als Rachgier, Haß oder Groll, wozu diese Leute gegen ihre Todfeinde, welches die Christen wirklich waren, gereizt werden konnten, fielen gewiß nur sehr wenigen Indianern ein; denn nach vielfältigen Erfahrungen, die ich über sie angestellt habe, waren sie ebenso wenig von heftigem oder ungestümem Charakter, als Kinder, oder Knaben von zehn bis zwölf Jahren. Ich weiß aus zuverlässigen untrüglichen Nachrichten, daß die Indianer jederzeit die gerechteste Ursache zum Kriege gegen die Christen hatten; die Christen hingegen hatten niemals auch nur die allergeringste zu den ihrigen gegen die Indianer. Es waren vielmehr lauter ungerechte satanische Kriege, die je der ärgste Tyrann geführt haben mag; und das nämliche behaupte ich von allen ihren Kriegen in ganz Indien.

Als nun die Kriege in Indien geendigt, alle erwachsenen Mannspersonen umgebracht, und nur noch Jünglinge, Weiber und Kinder übrig gelassen waren, so fingen die Spanier an, dieselben unter sich zu verteilen. Diesem gab man deren dreißig, jenem vierzig, einem andern hundert oder zweihundert, je nachdem er bei dem Obertyrannen, den man Gouverneur nannte, in Gnaden stand. Nachdem sie nun solchergestalt verteilt worden waren, so übergab man jedem Christen sein Teil, unter dem Vorwande, sie in demjenigen zu unterrichten, was zum katholischen Glauben gehört. Sie, die fast durchgehends unwissende, grausame, geizige, lasterhafte Menschen waren, sollten für das Seelenheil derselben sorgen! Diese Sorgfalt oder Seelensorge, welche sie auf dieselben verwendeten, bestand darin, daß sie die Mannspersonen in die Bergwerke schickten, um Gold zu graben, welches eine fast unerträgliche Arbeit ist. Die Weibsleute aber schickten sie auf ihre sogenannten Stationen oder Meiereien, wo sie den Feldbau besorgen mußten; eine Arbeit, die nur für starke und rüstige Mannspersonen gehört. Diesen, wie jenen, gaben sie nichts anderes zu essen, als Kräuter und dergleichen Sachen, die keine Kraft haben.[14] Säugenden Müttern vertrocknete die Milch in den Brüsten, und in kurzer Zeit starben alle kleinen Kinder dahin. Die Männer mußten ganz abgesondert leben, durften nicht den mindesten Umgang mit ihren Weibern haben; mithin hörte die Fortpflanzung gänzlich auf. Jene kamen vor Arbeit und Hunger in den Bergwerken um; und diese starben auf die nämliche Art in den Meiereien oder sogenannten Stationen. So ward die ganze zahlreiche Volksmenge auf dieser Insel vertilgt; und auf solche Weise hätte man die sämtlichen Bewohner der Erde ausrotten können. Sie bestimmten die Lasten, welche sie ihnen aufluden, zu drei bis vier Arroben[15], und verschickten sie damit auf hundert auch wohl zweihundert Meilen. Diese nämlichen

Christen ließen sich in Hamacas tragen, die wie Netze aussahen, und die Indianer mußten sie fortschleppen. Denn sie pflegten sich ihrer gewöhnlich statt der Lasttiere zu bedienen. Immer hatten sie daher von den auferlegten Bürden so schwere Wunden auf den Achseln und Schultern, wie Zugvieh, das sich aufgerieben hat. Wollte ich hier noch der Peitschen, Stöcke, Ohrfeigen, Faustschläge, Flüche und anderer Mißhandlungen erwähnen, die ihnen bei der Arbeit zuteil wurden, so würde ich in Wahrheit ebenso viel Zeit als Papier nötig haben, dennoch nicht alles beschreiben können, und nur die Menschheit schaudern machen.

Es ist bemerkenswert, daß die Verwüstung dieser Inseln und Länder gerade zu der Zeit ihren Anfang nahm, als man daselbst den Tod der Durchlauchtigsten Königin Doña Isabella erfuhr; nämlich im Jahr eintausend fünfhundert und vier. Bis dahin hatte man bloß einige Provinzen auf dieser Insel durch ungerechte Kriege verheert; ich rede hier aber vom Ganzen. Die meisten derselben, ja fast alle, wurden der Königin sorgfältig verhehlt. Denn diese Dame war sehr für das Beste der heiligen Kirche besorgt, und nahm sich der Wohlfahrt und des Seelenheils jener Völker eifrigst an. Wir könnten mehrere Beispiele hiervon anführen; denn vieles sahen wir mit eigenen Augen, und manches konnten wir mit Händen greifen.

Man kann noch überdies als Regel annehmen, daß die Christen in allen Gegenden Indiens, welche sie durchzogen, oder wo sie sich niederließen, allemal dergleichen vorbesagte Grausamkeiten, Mordtaten und tyrannische Gewalttätigkeiten an den armen unschuldigen Indianern verübten, von Tage zu Tage noch mehrere, größere und ganz neue Martern ersannen, und immer grausamer wurden. Denn Gott ließ es zu, daß sie täglich tiefer sanken, und gab sie in ihrem verstockten Sinn und verkehrtem Wesen dahin.

San Juan und Jamaica

Nach San Juan und Jamaica – die beide einem Garten glichen, worin Bienen schwärmen – kamen die Spanier im Jahr eintausend fünfhundert und neun, und zwar in eben der Absicht und mit dem nämlichen Vorhaben, wie nach Hispaniola. Hier begingen sie alle oben erwähnten Sünden und Missetaten; hier übten sie die größten und unerhörtesten Grausamkeiten an den schuldlosen unglücklichen Indianern aus, ermordeten, verbrannten, brieten, hetzten sie mit grimmigen Hunden, bürdeten den übrigen die unerträglichsten Arbeiten, besonders in den Bergwerken, auf, und marterten und quälten sie so lange, bis sie samt und sonders vernichtet und ausgerottet waren. Vormals gab es in diesen beiden Inseln über sechsmalhunderttausend, wo nicht gar eine Million, Seelen. Heutigen Tages findet man in jeder kaum noch zweihundert Personen. Die andern alle wurden ohne Glauben und Sakramente in die Ewigkeit geschickt.

Cuba

Im Jahr eintausend fünfhundert und eilf kamen die Spanier auf die Insel Cuba, die, wie ich bereits sagte, so lang ist, als der Weg von Valladolid nach Rom, und eine Menge starkbevölkerter Provinzen hatte. Hier begannen und endigten sie nicht allein auf oben beschriebene Weise, sondern gingen sogar noch weit grausamer zu Werke. Hierbei ereignete sich unter andern folgender merkwürdige Fall:

Ein Cazique, der einer der vornehmsten im Lande war, und den Namen *Hatuey* führte, hatte sich nebst mehreren seiner Leute von der Insel Hispaniola nach Cuba in der Absicht geflüchtet, dem barbarischen und unmenschlichen Verfahren der Christen zu entgehen. Als er sich auf dieser Insel befand, brachten verschiedene Indianer die Botschaft, die Christen kämen dahin. Er versammelte hierauf alle seine Leute, oder doch die meisten derselben, und redete sie folgendergestalt an: Ihr wißt bereits, daß es heißt, die Christen kämen hieher. Ihr habt es erfahren, wie sie mit diesem und jenem von euern Herren und mit den Leuten auf Haiti (Hispaniola) umgegangen sind. Hier werden sie das nämliche tun. Wißt ihr auch wohl, warum sie es tun? – Sie sagten nein! es müßte denn sein, daß sie von Natur boshaft und grausam wären. – Sie tun es nicht bloß deswegen, sagt er, sondern sie haben einen Gott, welchen sie anbeten, und den auch wir mit aller Gewalt anbeten sollen; um deswillen peinigen, unterdrücken und töten sie uns. Seht, sagt er – indem er auf ein Körbchen voll Gold und Edelgesteine wies, das neben ihm stand – dies ist der Christen Gott! Dünkt's euch gut, so wollen wir ihm zu Ehren Areytos – eine Art von Balletten oder Tänzen – anstellen. Vielleicht ist er uns gnädig, und befiehlt den Christen, daß sie uns nichts zu leide tun. Freudig schrien sie alle: Recht gut! Recht gut! und sogleich tanzten sie vor ihm, bis sie sämtlich müde waren. Nun sagte Hatuey: Seht, wenn wir ihn bei uns behalten, so nehmen sie ihn uns doch, wir mögen es machen wie wir wollen, und schlagen uns nachher tot. Werfen wir ihn lieber in jenen Fluß! Alle waren es zufrieden, daß er hineingeworfen würde; und sie warfen ihn auch wirklich in einen dort befindlichen großen Strom.

Als die Christen auf der Insel Cuba landeten, floh dieser Cazique sie überall, als einer, der sie kannte, und wehrte sich, wenn sie ihm etwa zu nahe kamen; endlich aber ward er gefangen. Weil er nun vor diesen grausamen und ruchlosen Menschen floh, und sich gegen diejenigen wehrte, die ihn ums Leben zu bringen oder ihn wenigstens nebst allen seinen Leuten und Blutsfreunden bis auf den Tod zu peinigen suchten; so beschlossen sie, ihn lebendig zu verbrennen. Als er bereits an den Pfahl gebunden war, sagte ihm ein Geistlicher vom Orden des heiligen Franciscus, ein gottseliger Mann, der sich dort aufhielt, verschiedenes von Gott und unserm Glauben, wovon der Cazique noch nie das geringste gehört hatte. Der Geistliche suchte sich die wenige Zeit, welche ihm die Henkersknechte verstatteten, so gut als möglich zunutze zu machen, und versicherte ihn endlich, wenn er dasjenige, was er ihm da sage, glauben wolle, so werde er in den Himmel kommen, und ewige Freude und Ruhe daselbst genießen; widrigenfalls aber werde er in der Hölle ewige Qual und Pein leiden müssen. Der Cazique dachte hierüber ein wenig nach, und fragte sodann den Geistlichen, ob denn auch Christen in den Himmel kämen. Allerdings, sagte der Geistliche, kommen alle guten Christen hinein! Sogleich, und ohne weiteres Bedenken, erwiderte der Cazique, dort wolle er nicht hin, sondern lieber in die Hölle, damit er nur dergleichen grausame Leute nicht mehr sehen, noch da sich aufhalten dürfe, wo sie zugegen wären. So beförderten die Spanier, welche sich nach Indien begaben, die Ehre Gottes und unserer Religion!

Einst, als wir uns wohl noch zehn Meilweges von einem großen Flecken befanden, kamen uns die Indianer zum Empfang entgegen, und brachten uns Lebensmittel und andere Geschenke. Ihre Abgeordneten hatten eine große Menge Fische, Brot und andere Speisen bei sich, und gaben uns von allem, so viel sie nur konnten. Aber plötzlich fuhr der Teufel in die Christen, so, daß sie in meinem Beisein, ohne die mindeste Veranlassung oder Ursache, mehr als dreitausend Menschen, Männer, Weiber und Kinder darnieder hieben, die rings um uns her auf der Erde saßen. Hier nahm ich so unbeschreibliche Grausamkeiten wahr, daß andere Sterbliche dergleichen wohl schwerlich gesehen haben, oder sie für möglich halten möchten.

Wenige Tage nachher schickte ich Boten an alle Großen der Provinz Havana; denn ich stand bei ihnen in gutem Ruf, und ließ ihnen sagen, sie sollten sich weder fürchten noch flüchten, sondern sich vielmehr aufmachen uns zu bewillkommen; es werde keinem von ihnen das mindeste Leid widerfahren. Ich tat dies mit ausdrücklicher Bewilligung des Befehlshabers[16]: denn die begangenen Mordtaten hatten das ganze Land in Furcht und Schrecken gesetzt. Als wir nun in die Provinz kamen, wurden wir unterwegs von ein und zwanzig Caziquen und andern Großen empfangen, die der Befehlshaber sogleich in Verhaft nehmen ließ, ohne sich an das sichre Geleite zu kehren, das ich ihnen versprochen hatte. Tages darauf wollte man sie sämtlich verbrennen; man gab sogar vor, dies sei recht wohl getan, denn sonach bliebe diesen Herren keine Zeit übrig, uns zu schaden. Es kostete mir sehr viel Mühe, sie vom Scheiterhaufen zu retten, und es so weit zu bringen, daß sie entwischten.

Nachdem nun die Spanier die meisten Eingeborenen dieser Insel unterjocht oder umgebracht hatten, die übrigen aber sahen, daß sie ohne Rettung verloren sein und umkommen müßten, so flüchteten sich einige ins Gebirge, andere hängten sich aus Verzweiflung auf. Männer und Weiber nebst ihren Kindern taten eben das. Unter andern knüpften sich mehr als zweihundert Indianer auf, um nur den Grausamkeiten eines einzigen – mir wohlbekannten – Spaniers zu entgehen, welcher der ärgste unter allen übrigen Barbaren war.[17]

Es befand sich ein Königlicher Beamter auf dieser Insel, der bei der Verteilung dreihundert Indianer bekam. In Zeit von drei Monaten hatte er deren zweihundert und siebenzig durch Arbeit in den Bergwerken totgemartert, so, daß ihm deren nur noch dreißig, oder ein Zehntel derselben übrig waren. Man gab ihm deren wieder so viel, wo nicht noch mehr, und er brachte sie abermals um. Er bekam zum drittenmale so viel, und machte es wieder so, bis endlich der Teufel seine Seele holte.

Während meines Aufenthaltes starben binnen drei oder vier Monaten siebentausend Kinder vor Hunger, weil ihre Väter und Mütter in die Bergwerke geschickt wurden. Auch sah ich noch andere schreckliche Dinge.

Man beschloß nachher, Jagd auf die Indianer zu machen, die sich im Gebirge befanden, und ging entsetzlich mit ihnen um. Kurz, die Spanier entvölkerten und verheerten diese ganze Insel, so, daß wir noch vor weniger Zeit mit viel Betrübnis und Leidwesen wahrnahmen, daß sie durchgehends zur Wüste und Einöde gemacht worden sei.

Terra firma

Im Jahr eintausend fünfhundert und vierzehn kam ein verruchter Gouverneur hieher; ein greulicher Tyrann, ohne Klugheit, ohne Menschengefühl; ein Werkzeug der göttlichen Rache.[18] Er schien fest entschlossen zu sein, dieses Land mit recht vielen Spaniern zu besetzen. Es waren zwar bereits verschiedene Wüteriche auf dem Kontinent gelandet, hatten viele Leute beraubt, ermordet und unsägliches Ärgernis gegeben; sie hielten sich jedoch nur an der Seeküste auf, und raubten und stahlen dort, so gut sie konnten. Dieser tat es aber allen andern, die nicht allein hier, sondern auf allen übrigen Inseln, ans Land gestiegen waren, zuvor. Seine ruchlosen Taten übertrafen alle diejenigen, die vor ihm verübt worden waren. Er verheerte nicht nur die Seeküste, sondern entvölkerte ganze Länder und Reiche, ermordete ihre zahlreichen Bewohner und schickte sie der Hölle zu. Seine Verheerungen erstreckten sich auf viele Meilen, nämlich diesseits von *Darien*[19] an, bis jenseits des Königreichs *Nicaragua*. Dies beträgt über fünfhundert Meilen, und ist meines Erachtens die beste, fruchtbarste und volkreichste Gegend auf der ganzen Erde. Es gab daselbst viele große und mächtige Herren, eine Menge unglaublich stark bevölkerter Ortschaften, und einen so großen Schatz an Gold, daß man dergleichen bis dahin auf der ganzen Welt noch nirgends gesehen hatte. Denn ob man gleich beinahe ganz Spanien mit Golde, und zwar sehr feinem Golde, angefüllt hatte, das aus der Insel Hispaniola geholt ward, so mußte doch dieses erst in den Bergwerken von den Indianern dem Eingeweide der Erde entrissen werden, von welcher Arbeit sie, wie gesagt, starben.

Dieser Gouverneur erfand nebst seinen Leuten ganz neue und unerhörte Qualen für die armen Indianer, damit sie ihr Gold entdeckten und ihnen es überlieferten. Einer seiner Offiziere, der Befehl von ihm hatte, die Leute zu berauben und auszurotten, brachte auf einem einzigen seiner Züge vierzigtausend Menschen ums Leben. Ein Mönch, vom Orden des heiligen Franciscus, der ihn auf diesem Marsch begleitete, und sich *Fra Francisco de San Romano* nannte, hat dieses mit eigenen Augen gesehen. Man ließ sie über die Klinge springen, verbrannte sie lebendig, hetzte sie mit blutgierigen Hunden, oder marterte sie auf andere Art zu Tode.

Zufolge einer höchst gefährlichen Verblendung, womit alle diejenigen behaftet waren, die bis auf den heutigen Tag in Indien regierten, wurde in dem Bekehrungswerke und in Rücksicht der Seligmachung jener Völker, ganz verkehrt zu Werke gegangen. Man kann mit Wahrheit sagen, daß sie dieselbe in Werk und Tat gänzlich hintenan setzten, wiewohl sie beständig viel Redens davon machten, um andere Dinge damit zu bemänteln und zu beschönigen. Zu dieser Profundität im Denken, Handeln und Verordnen, kam noch dies, daß sie den Indianern Befehle zuschickten, sie sollten sich zum christlichen Glauben bekehren, und den Königen von Castilien unterwerfen, sonst werde man sie mit Feuer und Schwert heimsuchen, erwürgen, zu Sklaven machen, usw. Nicht anders, als wenn der Sohn Gottes, der für jeden von ihnen insbesondere starb, in seinem Gebote: »gehet hin und lehret alle Heiden«, ausdrücklich verordnet hätte, Ungläubigen, die friedlich und ruhig in ihrem eigenen Lande lebten, dergleichen Befehle zu erteilen, damit sie sogleich und ohne allen vorgängigen Unterricht, eine fremde Lehre annehmen, und sich der Herrschaft eines Königs unterwerfen sollten, von welchem sie nicht allein noch nie etwas sahen und hörten, sondern der noch überdies so grausame, gefühllose, greuliche Wüteriche zu Dienern und Botschaftern hatte; widrigenfalls aber sie mit dem Verlust ihrer Habe, ihrer Länder, ihrer Freiheit, ihrer Weiber und Kinder, ja sogar ihres Lebens zu bedrohen. Ein Verfahren von dieser Art, verdiente allen nur möglichen Spott, Verachtung und Höllenstrafe.

Sobald jener unselige verruchte Gouverneur die Verfügung getroffen hatte, daß dergleichen Befehle ausgefertigt wurden, so suchte er denselben, da sie an und für sich abgeschmackt, unvernünftig und ungerecht waren, wenigstens einigen Schein Rechtens zu verschaffen. Er befahl demnach, oder die Mörder, welche er aussandte, trafen von selbst die Verfügung, daß die Ortschaften, worin man Gold gewahr worden war, und welche sie berauben und plündern wollten, nicht eher überfallen werden durften, bis sich die Indianer in ihren Wohnungen ganz sicher glaubten. Dann näherten sich diese unmenschlichen spanischen Räuber einem solchen Orte bei Nachtzeit bis etwa auf eine halbe Meile, verkündigten oder verlasen jene Befehle noch in der nämlichen Nacht unter sich selbst, und riefen sodann: ihr Caziquen und Indianer dieses auf dem Festland befindlichen Ortes! Wir tun euch hiermit zu wissen, daß es nur Einen Gott, Einen Papst und Einen König von Castilien gibt, welcher Herr von diesem Lande ist! Kommt augenblicklich herbei, unterwerft euch ihm usw. Wo nicht, so wisset, daß wir euch bekriegen, totschlagen, gefangen nehmen werden usw. Gegen vier Uhr des Morgens, wenn diese Unschuldigen nebst ihren Weibern und Kindern noch schliefen, stürmten sie in den Ort; warfen Feuer in die Häuser, die gewöhnlich nur von Stroh waren; verbrannten Weiber und Kinder lebendig, so, daß viele kaum wußten wie ihnen geschah, schlugen tot was sie wollten, und taten denjenigen, welche sie leben ließen, alle nur erdenklichen Martern an, damit sie entweder noch mehr Gold, als sie daselbst fanden, herbeischaffen, oder andere Ortschaften angeben sollten, wo dergleichen zu finden sei; brandmarkten die, welche sie übrig ließen, als Sklaven, und suchten sodann, wenn das Feuer getilgt oder erloschen war, das Gold zusammen, welches sich in den Häusern befunden hatte. Auf diese Art, und mit solchen Taten beschäftigte sich dieser verruchte Mensch, nebst allen den Unchristen, die er mit dorthin brachte, vom Jahr eintausend fünfhundert und vierzehn, bis zum Jahr eintausend fünfhundert ein und zwanzig oder zwei und zwanzig. Auf dergleichen Zügen schickte er immer fünf oder sechs seiner Bedienten mit aus, damit er – außer demjenigen, was er ohnehin als oberster Befehlshaber bekam – noch ebenso vielfachen Anteil an dem Golde, den Perlen und Edelsteinen, welche sie raubten, wie auch an denjenigen hätte, welche sie zu Leibeigenen machten. Das nämliche taten alle Beamten des Königs; jeder von ihnen schickte so viele Knechte oder Bedienten mit aus, als er nur konnte; selbst der vornehmste Bischof des Reichs sendete seine Diener in der Absicht mit, seinen Teil von der gemachten Beute in Empfang nehmen zu lassen. In diesem einzigen Reiche wurde während jenes Zeitraumes – insofern ich solches überschlagen kann – für mehr als eine Million Castilianer Goldes geraubt; ja ich glaube, daß ich noch zu wenig angebe. Gleichwohl findet sich, daß der König von allem diesem zusammengeraubten Gute mehr nicht als nur dreitausend Castilianer bekam; und dennoch wurden deswegen mehr als achtmal hundert tausend Menschen erwürgt. Die andern tyrannischen Gouverneure, welche auf diesen folgten, und bis zum Jahr eintausend fünfhundert drei und dreißig regierten, brachten die noch übrigen Einwohner entweder ums Leben, oder ließen sie in der Sklaverei verschmachten, die jederzeit auf dergleichen Kriege folgte.

Unter die unzähligen Verbrechen, welche dieser Mensch während seiner Regierung beging, gehört folgendes: Ein Cazique, oder vornehmer Herr, hatte den Spaniern entweder aus freiem Willen, oder – welches wahrscheinlicher ist – aus Furcht, neuntausend Castilianer gegeben. Nicht zufrieden damit, zogen sie diesen Herrn gefänglich ein, zwangen ihn, sich mit ausgestreckten Füßen auf die Erde zu setzen, banden sie an einen Pfahl und hielten Feuer daran, damit er noch mehr Goldes gäbe. Er schickte nach seiner Wohnung, und ließ noch für dreitausend Castilianer an Wert holen. Dennoch marterten sie ihn aufs neue; und da er nicht noch mehr Goldes gab, weil er es entweder nicht hatte, oder nicht herbeischaffen wollte, fuhren sie so lange fort, ihn auf diese Art zu mißhandeln, bis ihm endlich das Mark durch die Fußsohlen drang, und so starb er. Von gleicher Art waren unzählige andere Martern, wodurch man vornehme Herren in der Absicht totquälte, Gold von ihnen zu erpressen.

Als einst ein gewisser spanischer Befehlshaber auf Raub auszog, kam er an einen Berg, wo eine beträchtliche Anzahl Menschen Zuflucht gesucht, und sich vor dem ruchlosen scheußlichen Verfahren der Christen verborgen hatte. Sogleich fielen diese über jene her, erschlugen deren so viel sie konnten, und schleppten siebenzig bis achtzig Mädchen und Weiber mit fort. Des andern Tages vereinten sich die Indianer in Menge, und zogen den Christen in der Absicht nach, für ihre Weiber und Töchter zu streiten. Als sich nun die Christen in die Enge getrieben sahen, wollten sie ihren Raub nicht fahren lassen, sondern jagten den Mädchen und Weibern ihre Degen durch den Leib, und ließen von allen diesen achtzig auch nicht eine lebendig. Die Indianer, welche vor Schmerz sich das Eingeweide hätten ausreißen mögen, taten erbärmlich und schrien: o ihr bösen Menschen! Ihr grausamen Christen! *Yras* sogar bringt ihr um? – *Yra* heißt nämlich in der Sprache dieses Landes ein Weib. – Sie wollten hiermit so viel sagen: Weiber morden sei ein Greueltat, die nur von den hartherzigsten, verruchtesten Unmenschen verübt werden könne.

Zehn bis funfzehn Meilen von *Panama* lebte ein vornehmer Herr, der sich *Paris* nannte, und sehr viel Gold besaß. Die Christen begaben sich zu ihm; er empfing sie wie seine leiblichen Brüder, und überreichte ihrem Anführer von freien Stücken für funfzig tausend Castilianer an Wert. Als der Befehlshaber und die übrigen Christen wahrnahmen, daß er ihnen eine so große Menge Goldes gutwillig gab, so kamen sie auf den Gedanken, er müsse einen sehr großen Schatz besitzen; und hierauf war bei allen Unternehmungen ihr Heil und ihr Trost gegründet. Sie verstellten sich demnach, und taten als wenn sie wieder abreisen wollten; des andern Morgens aber gegen vier Uhr kamen sie zurück, überfielen die sichern Einwohner des Ortes, zündeten ihn an, erschlugen und verbrannten eine Menge Menschen, und raubten noch über funfzig- bis sechzigtausend Castilianer an Wert. Der Cazique aber machte sich davon, daß sie ihn weder töten noch gefangen nehmen konnten. Nachdem er in Eil so viel Volk, als er nur aufbringen konnte, zusammengerafft hatte, holte er die Christen, welche seine hundert und dreißig- bis vierzigtausend Castilianer noch bei sich hatten, am zweiten oder dritten Tage ein, griff sie mutig an, erschlug ihrer gegen funfzig, nahm ihnen all sein Gold wieder ab, und jagte die übrigen, welche Schläge genug davon trugen, in die Flucht. Bald hierauf fielen sehr viele Christen gemeinschaftlich über erwähnten Caziquen her, ermordeten nicht allein ihn, sondern zugleich eine Menge seiner Untertanen, machten die andern zu Sklaven, und brachten sie wie gewöhnlich um. Solchergestalt ist heutigen Tages in diesem ganzen Bezirke, der über dreißig Meilen beträgt, und ehedem voll angesehener Leute war, keine Spur, kein Zeichen von Wohnung oder Eingeborenen mehr übrig, die ich allenfalls hätte entdecken können. Überhaupt sind die Greuel und Mordtaten nicht zu zählen, die jener Elende nebst seinen Helfershelfern in diesen von ihm entvölkerten Reichen verübte.

Nicaragua

Im Jahr eintausend fünfhundert zwei und zwanzig oder drei und zwanzig machte dieser Wütrich sich auf, die herrliche Provinz *Nicaragua* unter seine Botmäßigkeit zu bringen, und er kam auch wirklich zur unglücklichen Stunde dort an. Wer ist wohl imstande, die Fruchtbarkeit, das gesunde Klima, die Anmut, den Wohlstand und die außerordentliche Bevölkerung derselben genugsam zu rühmen? Man mußte in Wahrheit erstaunen, wenn man die Menge von Ortschaften bemerkte, womit sie besetzt war. Sie schien sich auf drei bis vier Meilen zu erstrecken, und stand insgesamt voll herrlicher Früchte; woher es denn auch kam, daß man ihre Bewohner fast nicht zählen konnte. Dies Land war eben und flach, mithin konnten die Einwohner sich nicht in die Gebirge flüchten; es war auch so reizend, daß es ihnen viel Kampf und Überwindung kostete, sich daraus zu entfernen. Daher kam es, daß sie die größten Verfolgungen ertrugen und noch ertragen. Wenn es nur irgend möglich war, so hielten sie die Tyrannei und Knechtschaft der Christen geduldig aus; denn sie sind von Natur ein sanftes friedliches Volk. Erwähnter Wütrich verübte demnach unter diesen Leuten, nebst andern Barbaren, die er bei sich hatte, und welches lauter solche waren, die ihm bereits ein ganzes Reich verwüsten halfen, solche Verheerungen, Mordtaten, Grausamkeiten, Plackereien und Ungerechtigkeiten, daß keines Menschen Zunge sie zu erzählen vermag. Er sandte ihrer funfzig zu Pferde, und ließ die sämtlichen Bewohner einer Provinz, die größer als die Grafschaft Roussilon war, mit Lanzen darnieder stoßen. Um der geringsten Ursache willen, ward weder Mann noch Weib, weder Greis noch Kind am Leben gelassen; z. B. wenn sie nicht schnell genug auf den ersten Wink herbei eilten, ihm nicht sogleich die verlangten Lasten Mais, welches die einzige Getreideart der dortigen Gegend ist, oder nicht Indianer genug zuschickten, die ihn oder seine Gefährten bedienen mußten. Denn da das Land überall flach war, so konnte kein einziger von ihnen den Pferden und seinem satanischen Grimm entrinnen.

Er schickte seine Spanier auf Streifereien aus, die darin bestanden, daß sie Indianer aus andren Provinzen raubten, und er gestattete ihnen, deren so viele als sie nur wollten, aus ihren friedlichen Wohnungen zu ihrer Bedienung zu holen. Sie wurden zusammengeschmiedet, damit sie die Lasten, welche man ihnen aufbürdete, und die bisweilen drei Arroben betrugen, nicht abwerfen möchten. Es ereignete sich mehr als einmal, daß sie von viertausend Indianern nicht ihrer sechs lebendig nach Hause brachten; alle übrigen büßten unterwegs ihr Leben ein. Wenn einer oder der andere müde, oder von seiner ungeheuern Bürde wund gedrückt ward, oder vor Hunger, Arbeit und Entkräftung nicht mehr fortkommen konnte; so hieben sie ihm, damit sie nicht nötig hatten, ihn von der Kette loszuschließen, dicht über dem Halseisen den Kopf ab, daß der Körper auf diese, und der Kopf auf jene Seite flog. Man bedenke, was die andern hierbei empfanden! Wenn dergleichen Wanderschaften anbefohlen wurden, gingen die Indianer, die aus Erfahrung wußten, daß selten einer oder der andere zurück kam, unter Seufzern und Tränen fort, und sagten: dies sind Wege, auf welchen wir den Christen dienen müssen; wenn wir sonst auch noch so schwere Arbeiten verrichten müssen, so kommen wir doch nach Verlauf einiger Zeit wieder zu unsern Weibern und Kindern zurück; jetzt aber gehen wir ohne Hoffnung hinweg, jemals zurück zu kommen, sie wieder zu sehen, oder das Leben davon zu bringen.

Einst beliebte es ihm, eine neue Verteilung der Indianer vorzunehmen, weil er es sich einmal in den Kopf gesetzt hatte, oder vielmehr, wie andere sagten, weil er die Indianer denjenigen, welchen er nicht gut war, abnehmen, und solchen geben wollte, die ihm ähnlich waren. Dies war die Ursache, daß die Indianer kein einziges Korn Samen aussäten.

Da es nun an Brot gebrach, nahmen die Christen den Indianern allen Mais weg, den sie zu Erhaltung der Ihrigen vorrätig hatten. Dadurch starben über zwanzig- bis dreißigtausend Menschen vor Hunger, und es ereignete sich sogar, daß ein Weib ihr Söhnchen schlachtete, und solches vor Hunger verzehrte.

Da, wie gesagt, alle ihre Wohnörter den anmutigsten Gärten glichen, so quartierten sich die Christen darin ein, jeder in dem Orte, welcher ihm zugeteilt, oder, wie sie zu sagen pflegten, anempfohlen war; lebten von den Arbeiten der Indianer und verzehrten ihre spärliche Nahrung; sie entrissen ihnen auch ihre ererbten und eigentümlichen Ländereien, von welchen sie sich nährten. So sperrten sie alle Indianer, Männer und Weiber, jung und alt, in ihren eigenen Häusern ein, und geboten ihnen sämtlich, sie bei Tage und Nacht, ohne Ruh und Rast, zu bedienen, welches sogar Kinder tun mußten, sobald sie nur laufen konnten. Überdies bürdeten sie jedem so viel, ja noch weit mehr Arbeit auf, als er verrichten konnte, und zwar so lange, bis sie ihn umgebracht hatten; wie sie denn die wenigen, welche noch übrig sind, bis auf den heutigen Tag auf die nämliche Weise zu Grunde richten. Man erlaubte ihnen auch nicht, ihre eigene Haushaltung oder irgend etwas Eigenes zu haben. Überhaupt wurden hier noch mehr Ungerechtigkeiten dieser Art begangen, welche diejenigen, die auf Hispaniola verübt wurden, um vieles übertrafen.

Die Einwohner dieser Provinz mußten Holz und Bretter zum Schiffsbau auf dreißig Meilen nach dem Hafen schleppen; dadurch kamen ebenfalls sehr viele ums Leben, oder wenigstens ward doch die Ursache ihres Todes beschleunigt. Andere, die Honig und Wachs vom Gebirge holen sollten, wurden von den Tigern gefressen. Schwangern und Säugerinnen legte man Bürden wie den Lasttieren auf; und dies geschieht noch bis auf diesen Tag.

Die ärgste Plage, welche diese Provinz, gleich der Pestilenz, verheerte, bestand darin, daß der erwähnte Gouverneur den Spaniern Erlaubnis erteilte, von den Caziquen und Herren dieser Ortschaften Sklaven zu fordern. Alle vier bis fünf Monate, oder wenn es ihnen in den Kopf kam, oder je nachdem der Gouverneur Erlaubnis dazu gab, forderten sie deren funfzig von den Caziquen, unter dem Bedrohen, sie sollten, wofern sie dieselben nicht herbeischafften, lebendig verbrannt, oder den Hunden vorgeworfen werden. Da nun die Indianer gewöhnlich keine Sklaven halten, sondern ein Cazique deren nur zwei bis drei, höchstens vier, hat, so gingen die Oberherren in ihren Ortschaften umher, und nahmen zuerst die Verwaisten weg, dann forderten sie von jedem, der zwei Söhne hatte, einen, von solchen, die deren drei hatten, zwei, bis endlich der Cazique die vom Tyrannen begehrte Zahl zusammen hatte; wobei gemeiniglich der ganze Ort jammerte und wehklagte, so, daß man deutlich wahrnahm, wie zärtlich diese Leute Kinder liebten. Da dies sehr häufig geschah, so war das ganze Reich vom Jahre drei und zwanzig an, bis zum Jahr drei und dreißig, durchgehends entvölkert. Denn sechs bis sieben Jahre nach einander fuhren allemal sechs bis sieben Schiffe zu Markt, luden alle diese unzähligen Indianer auf, und verkauften sie zu Panama oder Peru als Sklaven, wo sie dann sämtlich starben. Hierdurch ward die Erfahrung tausendfältig bestätigt, daß die Indianer sehr schnell dahinsterben, sobald sie aus ihren vaterländischen Gegenden geschleppt werden. Überdies gibt man ihnen nichts zu essen, und erläßt ihnen doch die Arbeit nicht; denn sie werden bloß deswegen verhandelt und gekauft, damit sie arbeiten sollen. Auf diese Art wurden über fünfmal hundert tausend Indianer als Sklaven verkauft, die alle so frei waren wie ich. Andere fünf- bis sechsmal hundert tausend kamen durch die satanischen Kriege ums Leben, welche die Spanier gegen sie führten, und durch die greuliche Sklaverei, worin sie versetzt wurden; dessenungeachtet hört das Würgen bis jetzt noch nicht auf. Aller dieser Jammer hat nun bereits seit vierzehn

Jahren gedauert. Gegenwärtig mag es ungefähr noch vier- bis fünftausend Personen in besagter Provinz Nicaragua geben, wovon täglich durch Sklavenarbeiten und unaufhörliche Bedrückungen mehrere umkommen, da doch diese Provinz, wie ich bereits gesagt habe, eine der volkreichsten auf der ganzen Erde war.

Neu-Spanien

Neu-Spanien[20] ward im Jahr eintausend fünfhundert und siebzehn entdeckt. Bei Gelegenheit dieser Entdeckung ward den Indianern von denen, welche es entdeckten, großes Ärgernis gegeben; auch wurden von ihnen verschiedene Mordtaten begangen. Im Jahr eintausend fünfhundert und achtzehn ward es von denen, welche sich Christen nannten, geplündert und verwüstet; wiewohl sie vorgaben, sie wollten sich bloß daselbst niederlassen. Vom Jahr eintausend fünfhundert und achtzehn, bis zum Jahre eintausend fünfhundert und zwei und vierzig, worin wir gegenwärtig leben, ward die Bosheit, Ungerechtigkeit, Gewalttätigkeit und Tyrannei, welche die Christen in Indien verübten, aufs höchste getrieben. Sie setzten alle Furcht und Scheu vor Gott und dem Könige gänzlich hintenan, und dachten nicht einmal mehr daran, wer sie eigentlich waren. Grausamkeit und Blutvergießen, Menschenmord und Verheerung, Entvölkerung, Raub, Gewalttätigkeit und Tyrannei wurden in den großen und mannigfaltigen Reichen auf dem Festlande so häufig und auf eine so unerhörte Art begangen, daß alles, was wir bereits angeführt haben, als nichts zu betrachten ist, wenn man es mit demjenigen vergleicht, was hier geschah. Einer Menge dieser Verbrechen haben wir nicht einmal erwähnt; wenn wir sie aber auch alle erzählten, so würden sie doch weder in Ansehung der Zahl noch der Strafwürdigkeit mit denjenigen in Vergleichung gesetzt werden können, welche von besagtem Jahr eintausend fünfhundert und achtzehn an, bis auf den heutigen Tag im Jahr eintausend fünfhundert und zwei und vierzig verübt und begangen wurden; ja noch jetzt, im Monat September, übte man gerade die schwersten und allerschändlichsten aus. Die Regel, welche wir weiter oben festsetzten, ist demnach der Wahrheit vollkommen gemäß: daß nämlich die Spanier von Anbeginn an, sich nach und nach immer größerer Missetaten und satanischer Werke schuldig machten.

Von ihrem ersten Eintritt in Neu-Spanien, am achtzehnten April eintausend fünfhundert und achtzehn, bis zum Jahr eintausend fünfhundert und dreißig, also zwölf ganzer Jahre, dauerte das Würgen und Morden in einem fort, welches die grausamen blutgierigen Hände und Mordschwerter der Spanier rings um die Stadt *Mexico* und die umliegende Gegend, auf vierhundert und funfzig Meilen weit verübten, worin vier bis fünf Königreiche liegen, die so groß und noch weit fruchtbarer als Spanien sind. Alle diese Gegenden waren ungleich stärker bevölkert, und enthielten weit mehr Menschen, als Toledo, Sevilla, Valladolid und Zaragoza nebst Barcelona. Selbst zu der Zeit, da diese Städte am stärksten bevölkert waren, gab es keine so große Volksmenge darin, als Gott in vorbesagte Reiche versetzte, die, wenn man sie zu Fuße umgehen wollte, mehr als achtzehn hundert Meilen enthalten würden. In besagten zwölf Jahren, und innerhalb der erwähnten vierhundert und funfzig Meilen, ermordeten die Spanier über vier Millionen Menschen, die sie entweder mit Schwert und Lanze nieder stießen, oder lebendig verbrannten; gleichviel, ob Mann oder Weib, jung oder alt.[21] So lange dauern nämlich, wie bereits gesagt worden ist, ihre sogenannten Eroberungen, die aber eigentlich nichts anders, als gewaltsame Einfälle grausamer Wütriche waren, dergleichen nicht allein im Gesetze Gottes, sondern auch nach allen menschlichen Gesetzen verboten, und die weit ärger sind, als diejenigen, deren sich der Türke zu Vertilgung der christlichen Kirche bedient. Außerdem ward und wird noch täglich durch ihre mehrerwähnte Sklaverei und unaufhörliche Gewalttätigkeiten und Bedrückungen, eine Menge Menschen von ihnen umgebracht.

Keine menschliche Zunge, kein menschlicher Verstand, kein menschlicher Fleiß ist vermögend, alle die schrecklichen Dinge zu erzählen, die in verschiedenen Gegenden, in dieser gemeinschaftlich und zu gleicher Zeit, in jener einzeln und auf allerlei Art, von diesen offenbaren und geschwornen Todfeinden des Menschengeschlechtes in obenerwähntem Bezirk begangen wurden; ja, er könnte nicht einmal alle Nebenumstände und Verhältnisse angeben, wodurch einige dieser Taten als noch weit abscheulichere Verbrechen erscheinen. In Wahrheit, wenn man auch noch so viel Fleiß, Zeit und Geschreibe darauf verwendete, so würde man doch nicht alles erschöpfen können. Ich will also nur eins und das andere anführen, und zwar unter der eidlichen Beteurung, daß ich kaum den tausendsten Teil zu erzählen gedenke.

Unter mehreren Mordtaten vollbrachten sie folgende in einer großen Stadt, die mehr als dreißigtausend Einwohner hatte, und *Cholula* hieß. Alle Großen des Landes und der benachbarten Gegend gingen den Christen in einer Prozession zum Empfang entgegen, die von der Priesterschaft und ihrem Oberpriester angeführt wurde. Man bewillkommnete sie mit viel Respekt und Ehrerbietung, nahm sie in die Mitte, und quartierte sie in der Stadt und in denjenigen Wohnungen ein, die vom Landesherrn und andern Großen zur Bewirtung der Fremden bestimmt waren. Die Spanier aber beschlossen unter sich, ein Blutbad hier anzurichten, oder – wie sie es nannten – eine Züchtigung vorzunehmen, die von ihrer Bravour zeigen und zugleich in allen Winkeln des Landes Schrecken verbreiten sollte. Denn wenn die Spanier ein Land überfielen, so faßten sie allemal den Entschluß, ein grausames und unerhörtes Gemetzel anzufangen, damit diese sanften Schafe vor ihnen beben sollten. Zuvörderst schickten sie zu allen großen und vornehmen Herren in der Stadt und den dazu gehörigen Ortschaften, und ließen sie nebst ihren Oberherren zu sich entbieten. Sobald sie ankamen und herein traten, den Befehlshaber der Spanier zu sprechen, wurden sie sämtlich sogleich gefangen genommen, ohne daß es jemand bemerkte, der diese Neuigkeit bekannt machen konnte. Man verlangte fünf- bis sechstausend Indianer zum Lasttragen von ihnen; sie kamen sogleich und wurden in den hinter den Häusern befindlichen Hof gesperrt. Wenn man sah, wie diese Indianer sich anschickten, die Lasten der Spanier aufzuladen, so mußte man Mitleid und Betrübnis über sie empfinden. Sie kamen fast ganz nackt, hatten bloß ihre ledernen Decken über die Scham, und Netze mit ihren armseligen Lebensmitteln auf den Schultern, setzten sich mit untergeschlagenen Füßen hin und waren sämtlich so still wie die Lämmer. Als sie nun insgesamt angelangt und zu den übrigen, die sich bereits im Hofe befanden, gebracht worden waren, stellten sich bewaffnete Spanier zur Bewachung an die Türen des Hofes. Die andern alle legten Hand an das Schwert, metzelten und stießen hierauf alle diese geduldigen Lämmer nieder, daß auch nicht ein einziger dem Tode entrann. Zwei bis drei Tage nachher kamen viele Indianer wieder zum Vorschein, die noch lebendig waren, aber von Blut trieften. Sie hatten sich unter den Toten verkrochen, die haufenweis übereinander lagen, fielen nun den Spaniern weinend zu Füßen, und baten, man möchte Erbarmen mit ihnen haben und sie nicht umbringen. Diese wußten aber nichts von Mitleid und Barmherzigkeit, sondern hieben sie, so wie sie zum Vorschein kamen, in Stücken. Alle vornehme Herren, deren über hundert waren und die sämtlich in Fesseln lagen, befahl der Befehlshaber, an Pfähle zu binden, die in die Erde gerammelt da standen, und sie lebendig zu verbrennen. Dennoch gelang es einem dieser Herren, welcher der Vornehmste unter ihnen oder der König des Landes war, zu entspringen. Er raffte noch zwanzig, dreißig bis vierzig Mann zusammen, und flüchtete sich in den großen Tempel, welchen sie daselbst hatten. Dieser war einer Festung nicht unähnlich, und hieß in ihrer Sprache *Quu*. Hier verteidigte er sich beinahe einen ganzen Tag. Die Spanier aber, gegen welche es sich nicht gut wehren läßt, besonders von unbewaffneten Leuten, warfen Feuer in den Tempel, und verbrannten alle, die darin waren. Diese schrieen einmal über das andere: O ihr bösen Menschen, was haben wir euch denn getan? Warum bringt ihr uns um? Geht nur nach Mexico! Geht nur hin! Dort wird unser aller Oberherr, Montezuma, uns schon an euch rächen! Man sagt, während jene fünf- bis sechstausend Menschen im Hofe niedergehauen wurden, habe der Befehlshaber der Spanier gesungen.

Mira Nero de Tarpeya
A Roma como se ardía;
Gritos dan niños y viejos,
Y él de nada se dolía.

(Vom Fels Tarpejens sah in Ruh
Dem Brande Roms einst Nero zu.
Zwar hört er Greis' und Kinder schrein;
Hart aber blieb sein Herz wie Stein.)

Ein nicht geringes Blutbad richteten sie in der Stadt *Tepecca* an, die noch viel größer als jene war, und noch weit mehr Bewohner enthielt. Hier ließen sie eine unsägliche Menge Menschen über die Klinge springen, und verübten bei dieser Gelegenheit die unerhörtesten Grausamkeiten.

Von Cholula zogen sie nach *Mexico*. Da sandte ihnen der große König Montezuma tausenderlei Geschenke, nebst einer Menge vornehmer Herren und anderer Leute entgegen, und ließ ihnen unterwegs allerlei Fêten geben. Als sie an den großen Damm vor Mexico kamen, der zwei Meilen lang ist, ließ er sie durch seinen leiblichen Bruder empfangen, der von einer Menge großer Herren begleitet ward, und ihnen Gold, Silberplatten und Kleidungsstücke zum Geschenk überbrachte. Am Eingange der Stadt kam er ihnen persönlich auf einer goldenen Trage, nebst seinem ganzen zahlreichen Hofstaat entgegen, empfing sie, und begleitete sie bis in seinen Palast, wo er sie einzuquartieren befahl. Noch an eben dem Tage nahmen sie, wie mir einige, die dabei waren, erzählten, den großen König Montezuma, der sich ganz sicher glaubte, arglistiger Weise gefangen, gaben ihm achtzig Mann zur Bewachung, und warfen ihn in Ketten und Banden. Doch ich will alles dies, wovon viel und mancherlei zu erzählen wäre, mit Stillschweigen übergehen, und nur von einer Bravourtat reden, welche diese Wütriche dort begingen.

Der Heerführer der Spanier marschierte nach dem Seehafen, in der Absicht, sich eines gewissen Befehlshabers zu bemächtigen, der wider ihn zu Felde zog.[22] Er ließ einen Offizier zurück, der, wenn ich nicht irre, mit etwa hundert Mann den König Montezuma bewachen sollte. Da kamen die Spanier unter sich überein, eine abermalige Bravourtat zu vollziehen, die das ganze Land in Furcht und Schrecken setzen sollte. Eine Vorsicht, deren sie sich, wie ich bereits sagte, sehr häufig bedienten. Die Indianer, sowohl gemeine als vornehme, in der Stadt und an Montezumas Hofe, beschäftigten sich mit nichts anderm, als ihrem gefangenen Beherrscher Vergnügen zu machen. Unter mehrere Arten von Festins, die sie ihm gaben, gehörte auch diese, daß sie des Abends in allen Straßen, und auf allen öffentlichen Plätzen der Stadt, diejenigen Tänze oder Ballette anstellten, die sie *Mitotes* zu nennen pflegten, und die von den Bewohnern der Inseln *Areytos* genannt wurden. Bei solchen Gelegenheiten holten sie alle ihre Kostbarkeiten und Schätze hervor, und bedeckten sich ganz damit; denn dies waren ihre vorzüglichsten Belustigungen und Feierlichkeiten. Der vornehmste Adel, ja sogar Kavaliere vom Königlichem Geblüt, hielten nach Maßgabe ihres Ranges dergleichen Tänze und Festins, und zwar so nahe als möglich bei denjenigen Wohnungen, wo ihr Beherrscher gefangen war. In derjenigen Gegend, die den besagten Palästen am nächsten lag, befanden sich über zweitausend Söhne vornehmer Herren; es war der Kern des gesamten Adels, der sich in Montezumas Reiche befand. Zu diesen begab sich der Befehlshaber der Spanier nebst einem Trupp seiner Leute. Andere verteilte er, ebenfalls truppenweise, in allen Gegenden der Stadt, wo dergleichen Tänze gehalten wurden. Sie mußten sich stellen, als kämen sie bloß zum Zusehen dahin; heimlich aber befahl er ihnen, zu einer gewissen Stunde auf einmal über sie herzufallen. Die Indianer waren aufmerksam auf ihre Tänze, und glaubten, sie wären ganz sicher; auf einmal rief er: »Sanct Jago! drauf los!« und sogleich hieben sie mit entblößten Degen auf diese nackten zarten Körper, vergossen dies edle Blut, und ließen auch nicht einen einzigen von jenen jungen Leuten am Leben. Das Nämliche taten andere auf den übrigen Plätzen der Stadt. Dies war eine Tat, die alle jene Reiche und Völker in Bestürzung, Angst und Trauer versetzte, und mit der bittersten Wehmut erfüllte. So lange die Welt nicht untergeht, oder so lange sie nicht alle von der Oberfläche der Erde vertilgt sind, werden sie nicht aufhören, diese so eben erzählte klägliche Begebenheit, den Verlust ihres gesamten Adels, auf den sie bis dahin seit so vielen Jahren stolz gewesen, in ihren Areytos, Tänzen und Volksliedern zu bejammern und zu besingen.

Als die Indianer wahrnahmen, daß man mit allen diesen schuldlosen Menschen, ohne die mindeste Veranlassung, auf eine so ungerechte, grausame und unerhörte Art verfuhr; sie, die sogar die eben so ungerechte Gefangennehmung ihres allgemeinen Oberherrn gelassen erduldet hatten, weil er selbst ihnen befahl, daß sie die Christen nicht angreifen oder bekriegen sollten: so griffen plötzlich alle Bewohner der Stadt zu den Waffen, überfielen die Spanier, verwundeten ihrer viele, und trieben sie dergestalt in die Enge, daß die andern kaum noch entfliehen konnten. Einige setzten aber dem gefangenen Montezuma einen Dolch auf die Brust, und zwangen ihn, daß er auf die Galerie treten und den Indianern gebieten mußte: sie sollten das Haus nicht stürmen, sondern sich zur Ruhe begeben. Diese gehorchten aber seinen Befehlen nicht mehr, sondern beredeten sich, einen andern Beherrscher und Befehlshaber zu wählen, der in ihren Schlachten sie anführen sollte.

Indessen kam der Befehlshaber, welcher nach dem Hafen marschiert war, siegreich zurück, brachte noch mehr Christen mit, und näherte sich, das Gefecht hörte also drei bis vier Tage lang auf, bis er wieder in die Stadt eingezogen war. Kaum war er eingerückt, so kam eine unzählbare Menge Menschen aus dem ganzen Lande herbei, und stritt mit vereinten Kräften mehrere Tage lang so heftig gegen die Spanier, daß sie sich völlig verloren glaubten und einstens bei Nachtzeit sich entschlossen, die Stadt zu verlassen. Als dies die Indianer erfuhren, brachten sie auf den Brücken, die über den Morast führten, eine beträchtliche Anzahl Christen im gerechten und geheiligten Kampf ums Leben; und zwar aus den rechtmäßigsten Ursachen, die wir bereits angeführt haben. Jeder vernünftige und Gerechtigkeit liebende Mann, wer er auch sei, wird dieselben billigen. Als die Christen sich wieder erholten, hatte die Stadt einen heftigen Kampf auszustehen; denn sie richteten ein schreckliches Blutbad unter den Indianern an, ermordeten unzählige Menschen, und verbrannten viele große Herren lebendig.

Nachdem diese entsetzlichen und abscheulichen Grausamkeiten in der Stadt Mexico, wie in vielen andern Städten und Gegenden, verübt worden waren, griff dieses Wüten – vermittelst dieser Verwüster, die um Mexico herum, auf zehn, funfzehn bis zwanzig Meilen in die Runde, alles was Odem hatte ermordeten – gleich der Pestilenz immer weiter um sich, steckte endlich auch die Provinz *Panuco* an, und verheerte dieselbe. Auf gleiche Art wurden die Provinzen *Tutupeque, Ipilcingo* und *Colima* nach der Reihe verheert, deren jede mehr Landes als die Königreiche Leon und Castilien enthält.[23] Äußerst mühsam, wo nicht unmöglich, würde es sein, alle Greuel, Mordtaten und Grausamkeiten zu erzählen, die in jeder dieser Provinzen begangen wurden, und es würde viel Überwindung kosten, eine solche Erzählung nur mit anzuhören.

Es verdient hier bemerkt zu werden, daß der Vorwand, unter welchem die Spanier alle die unschuldigen Menschen ermordeten, und Länder entvölkerten, welche wahrhaften Christen, wegen ihrer außerordentlichen und unsäglichen Volksmenge, Freude und Vergnügen gemacht haben würden, darin bestand, daß man von ihnen verlangte, sie sollten kommen, sich unterwerfen und dem Könige von Spanien huldigen; wo nicht, so werde man sie ermorden und zu Sklaven machen. Diejenigen, welche nun nicht gleich herbeieilten, diese unvernünftige und närrische Forderung zu erfüllen und sich den Händen so ruchloser, grausamer und viehischer Menschen anzuvertrauen, die nannten sie Rebellen und Aufrührer, welche sich dem Dienste Seiner Majestät entziehen wollten. Als solche wurden sie dem Könige, unserm Herrn, geschildert, und diejenigen, welche Indien regierten, konnten in ihrer Verblendung nicht einmal dasjenige einsehen oder begreifen, was doch in ihren Gesetzen ausdrücklich bestimmt und einer ihrer ersten und deutlichsten Grundsätze ist, daß nämlich niemand als Rebell betrachtet oder so genannt werden könne, er sei denn zuvor wirklicher Untertan. Ich gebe den Christen und allen denen, die nur das mindeste von Gott, gesunder Vernunft und menschlichen Gesetzen wissen, zu überlegen, ob die Herzen irgend eines Volkes, das ruhig und sicher in seinem eigenem Lande lebt, gar nicht weiß, daß es von irgend jemand auf der ganzen Welt in Anspruch genommen werden könne, und das noch überdies seinen eigenen natürlichen Herrn hat, durch die unerwartete Botschaft gefesselt werden könne, wenn man ihm sagt: es gibt einen fremden König, von welchem ihr nie etwas gesehen und gehört habt; diesem müßt ihr gehorchen; widrigenfalls wisset, daß wir euch sogleich in Stücken hauen werden. Man denke sich noch die Erfahrung hinzu, daß sie es mit angesehen hatten, wie andere auf der Stelle niedergehauen wurden. Ja, was noch schrecklicher ist, wenn sie auch gleich gehorchten, so wurden sie dennoch in die härteste Leibeigenschaft versetzt, worin sie nach und nach unter unglaublichen Drangsalen und weit ärgern Qualen, als diejenigen, welche sie über die Klinge springen ließen, erduldet hatten, nebst Weib und Kind und allen den Ihrigen umkamen. Und gesetzt auch, sie brachten dies oder jedes andere Volk auf der Erde, durch Furcht und Drohungen dahin, daß es gehorchte, und die Oberherrschaft eines ausländischen Königs wirklich anerkannte; sahen denn diese blinden, von Stolz und teuflischem Geize besessenen Menschen nicht ein, daß sie dadurch nicht das geringste Recht über sie erlangten? Selbst die standhaftesten Leute können von dergleichen Furcht und Schrecken befallen werden, und alles, was hierdurch von ihnen erpreßt wird, sei es auch, was es nur immer wolle, ist nach natürlichen, menschlichen und göttlichen Gesetzen weiter nichts, als lauter Wind; im höllischen Feuer aber bleiben jenen Menschen ihre Ansprüche und Rechte vorbehalten. Selbst den Königen von Castilien zogen sie den größten Schaden und Nachteil zu, indem sie diese ihre Königreiche verheerten, und so viel an ihnen lag, alles Recht vernichteten, welches sie auf ganz Indien haben. Von dieser und keiner andern Art sind die Dienste, welche die Spanier besagten Königen und Herren in jenen Gegenden geleistet haben, und noch täglich leisten.

Unter diesem so ungerechten und gepriesenen Titel sendete jener tyrannische Befehlshaber zwei andere solche Wütriche[24], die noch weit grausamer, blutgieriger, wütender, gefühlloser und unbarmherziger als er selbst waren, in zwei große, blühende, fruchtbare, starkbevölkerte Reiche, nämlich in das

Königreich *Guatemala*, welches am südlichen, und nach *Naco* und *Honduras* oder *Guaymura*, welches am nördlichen Meere liegt, deren eines an das andere grenzt, und die beiden dreizehnhundert Meilen von Mexico entfernt sind, und die Grenzen dieses Reichs ausmachen. Den einen schickte er zu Lande ab, den andern aber zur See; beiden gab er sehr viele Leute zu Pferde mit, nebst einigen zu Fuß.

Ich kann mit Wahrheit sagen, daß beide so viel Böses verübten, – besonders der eine, welcher sich im Königreich Guatemala befand, denn der andere starb bald nachher eines jähen Todes – daß ich so viel von ihren Schandtaten und Greueln erzählen, so viel Mordtaten und Verwüstungen, so ungeheure und himmelschreiende Ungerechtigkeiten anführen könnte, daß sich ein dickes Buch darüber schreiben ließe, und sowohl das gegenwärtige als künftige Zeitalter darüber sich entsetzen würde. Denn dieser tat es allen seinen Vorgängern und Nachfolgern zuvor, sowohl in Ansehung der Zahl und Größe der von ihm begangenen Greuel, als der Menge Menschen, welche er umbringen ließ, und der Länder, die er zur Einöde machte. Es waren ihrer unsäglich viel.

Der andere, welcher sich nebst seinen Schiffen auf dem Meere befand, plünderte die Ortschaften an der Seeküste, und verbreitete Furcht und Schrecken unter ihren Bewohnern. Im Königreiche *Yucatán*, welches auf dem Wege nach vorbesagtem Königreiche Naco oder Guaymura liegt, wohin er marschierte, kamen ihm einige Indianer mit Geschenken entgegen. Kaum langte er daselbst an, so schickte er seine Hauptleute nebst vieler Mannschaft im ganzen Lande umher, ließ alle dort befindlichen Ortschaften plündern, zerstören und ihre sämtlichen Einwohner ermorden. Besonders zeichnete sich hierbei einer aus, der sich nebst dreihundert Mann empörte, sich in das Innere des Landes gegen Guatemala zog, all darin befindlichen Örter verheerte oder verbrannte, und die Leute beraubte und ermordete. Dies alles tat er auf hundert und zwanzig Meilen weit in der Absicht, damit diejenigen, welche ihm nachgeschickt würden, wer sie auch sein möchten, das Land verheert und in Aufruhr fänden, und von den Indianern aus Rache, wegen des erlittenen Schadens und der Verwüstung, welche sie überall zurückließen, erschlagen würden. Wenige Tage nachher ward auch wirklich der oberste Befehlshaber, welcher ihn sandte, und gegen den er sich empört hatte, getötet. Hierauf aber kamen noch mehr grausame Tyrannen, die allenthalben Mordtaten und andere greuliche Dinge verübten, die Einwohner zu Sklaven machten, oder dieselben auf Schiffe verkauften, die ihnen Wein, Kleidungsstücke und andere Dinge zuführten. Auf diese Art, besonders aber durch ihre unerträgliche Leibeigenschaft, richteten sie vom Jahre eintausend fünfhundert und vier und zwanzig bis zum Jahr eintausend fünfhundert und fünf und dreißig, diese Provinzen nebst dem Königreiche Naco und Honduras gänzlich zu Grunde. Dies Land glich in Wahrheit einem Paradiese, und war stärker bevölkert als jedes andere auf der ganzen Erde. Wenn wir es gegenwärtig durchreisen und in Augenschein nehmen, so finden wir es dergestalt verödet und menschenleer, daß jedem, wenn er auch noch so gefühllos wäre, vor Jammer das Herz bluten möchte. In jenen eilf Jahren kamen mehr als zwei Millionen Menschen hier um, und in einem Bezirk von mehr als hundert Quadratmeilen, ließen sie deren nicht mehr, als nur zweitausend übrig. Selbst von diesen werden täglich noch einige durch ihre erwähnte Sklaverei hingerichtet.

Doch ich kehre wieder zu dem ungeheuern Wütrich im Königreiche Guatemala zurück, um noch eins und das andere von ihm zu erzählen. Er übertraf, wie gesagt, alle seine Vorfahren, und tat es allen übrigen gleich, die sich noch bis auf den heutigen Tag dort befinden. Von den Provinzen, die an Mexico grenzen und durch die er marschierte, sind bis zum Königreiche Guatemala, wie er selbst in einem Briefe an seinen Prinzipal schreibt, gerade vierhundert Meilen. Auf diesem ganzen Wege mordete, raubte, sengte und brennte er, und nahm endlich das ganze Land unter obgedachtem Vorwande in Besitz. Er sagte nämlich den Indianern, sie müßten sich diesen unmenschlichen Barbaren unterwerfen, und zwar im Namen des Königs von Spanien, der ihnen ganz unbekannt war, und von dem sie noch nie das Mindeste gehört hatten. Natürlich mußten sie glauben, er sei noch weit grausamer und ungerechter als jene; denn man ließ ihnen nicht einmal so viel Zeit, diese Botschaft zu überlegen, sondern fiel sogleich über sie her, und fing zu morden und zu verbrennen an.

Guatemala

Als er diesem Reiche sich näherte, ließ er gleich im Anmarsch eine Menge Volks ums Leben bringen. Dessen ungeachtet kam ihm der vornehmste Herr des Landes, unter Trompeten und Pauken und vielen Feierlichkeiten, auf einer Trage entgegen. Viele andere Herren aus *Ultatlan*[25], der Hauptstadt des Reiches, begleiteten ihn. Sie bedienten den Barbaren mit allem, was sie nur im Vermögen hatten, gaben ihm reichlich zu essen, und überhaupt so viel sie vermochten. In derselben Nacht lagerten sich die Spanier vor der Stadt, denn sie schien ihnen befestigt zu sein, deswegen fürchteten sie Gefahr. Des andern Tages ließ der Tyrann den vornehmsten Herrn im Lande, nebst vielen andern Großen zu sich berufen. Sie kamen wie sanfte Lämmer herbei; er aber ließ sie sogleich gefangen nehmen, und sagte: sie sollten ihm so und so viel Goldes verschaffen. Sie gaben zur Antwort; sie hätten keines; und wirklich gibt es auch in diesem Lande kein Gold. Sogleich befahl er, ohne anderes Verbrechen, ohne andern Prozeß oder Urteil, sie alle lebendig zu verbrennen. Als die Caziquen der übrigen Provinzen vernahmen, daß man diesen Herrn, nebst andern Vornehmen, bloß deswegen verbrannte, weil sie kein Gold gaben; so flohen sie alle aus ihren

Wohnungen, begaben sich in die Gebirge, und geboten allen ihren Leuten, sie sollten sich zu den Spaniern halten, und sie, wie ihre Herren, bedienen; nur möchten sie nicht entdecken, noch sagen, wo sie sich aufhielten. Da kamen alle Einwohner des Landes zu den Spaniern, erboten sich ihre Untertanen zu sein und sie als ihre Herren zu bedienen. Jener mitleidsvolle Befehlshaber gab ihnen aber zur Antwort: man verlange und begehre ihrer nicht, sondern werde sie vielmehr auf der Stelle töten, wofern sie nicht sagten, wo ihre Herren verborgen wären. Die Indianer erwiderten, sie wüßten es nicht, ständen, nebst ihren Weibern und Kindern, zu Diensten, und wollten die Spanier mit in ihre Wohnungen nehmen, dort möchten dieselben sie ermorden, oder sonst mit ihnen machen, was ihnen beliebte. Dies sagten, taten, und hierzu erboten sich die Indianer zum öftern. Es war in der Tat zum Erstaunen. Die Spanier gingen in den Ortschaften umher, trafen diese armen Leute, die nichts Arges wähnten, nebst Weib und Kind, in ihren Berufsgeschäften an, und bohrten und hieben sie, ohne alle Umstände, nieder. Einst kamen die Spanier in einen großen ansehnlichen Flecken, dessen Bewohner ganz unbesorgt, und im Gefühl ihrer Unschuld noch weit sicherer, als alle übrigen waren. In Zeit von zwei Stunden hatten sie denselben zerstört: Weiber, Kinder und Greise mußten über die Klinge springen; kurz alles, was nicht entfliehen konnte, ward niedergemacht.

Da die Indianer sahen, daß sie durch alle ihre Demut, Diensterbietungen, Sanftmut und Geduld, diese gefühllosen, viehischen Herzen nicht erweichen, oder besänftigen konnten; da man sie ohne den mindesten Scheingrund, ja wider alle gesunde Vernunft, in Stücken hieb; da sie ferner sahen, daß sie ein- für allemal sterben müßten: so beschlossen sie, gemeinschaftliche Sache zu machen, mit gewaffneter Hand zu sterben, und sich, so gut sie könnten, an ihren satanischen Todfeinden zu rächen, wenn sie auch sämtlich darüber zu Grunde gehen sollten. Denn sie sahen mehr als zu gut ein, daß sie zu Fuß, und als schwächliche, nackte, unbewaffnete Leute, gegen die Spanier, welche zu Pferde und sehr gut ausgerüstet waren, wenig oder nichts ausrichten würden. Sogleich aber kamen sie auf den Gedanken, mitten in den Straßen Gruben zu machen, damit die Pferde hineinstürzen und sich spitzige, in Feuer gehärtete Pfähle, womit sie die Gruben anfüllten, ins Eingeweide rennen möchten. Obenher bedeckten sie dieselben mit Wurzeln und Kräutern, so daß es schien, als wäre gar nichts dergleichen vorhanden. Ein- oder zweimal, mehr aber nicht, fielen Pferde hinein; denn nachher wußten die Spanier sich wohl vor ihnen zu hüten. Aus Rache machten aber die Spanier nun ein Gesetz, vermöge dessen sie alle Indianer, die lebendig in ihre Hände fielen, ohne Rücksicht auf Alter und Geschlecht, in diese Gruben warfen. Schwangere und Säugerinnen, Kinder und Greise, kurz alle die sie in ihre Gewalt bekamen, stürzten sie hinein, bis diese Gruben angefüllt waren. Es war ein Jammer, wenn man mit ansehen mußte, wie sie sich an den Pfählen spießten; besonders Weiber, nebst ihren Kindern. Sieben ganze Jahre nach einander wurden dergleichen unmenschliche Henkerstaten von den Spaniern verübt; nämlich vom Jahr eintausend fünfhundert vier und zwanzig, bis zum Jahre eintausend fünfhundert und dreißig oder ein und dreißig. Man erwäge, wie viele Menschen sie während dieses Zeitraumes erwürgten!

Von unzähligen Greueltaten, die dieser boshafte, abscheuliche Tyrann, nebst seinen Helden, beging – denn die meisten seiner Offiziere waren eben so boshaft und gefühllos, wie er selbst, und halfen ihm dieselben vollbringen – ist eine besonders bemerkenswert, die in der Provinz Cuzcatán, und zwar in demjenigen Bezirk begangen wurde, wo heutiges Tages die Stadt San Salvador liegt. Diese Landschaft ist so furchtbar, wie die ganze dortige Seeküste überhaupt, die sich auf zwanzig bis dreißig Meilen längs dem Südmeer erstreckt. Zu Cuzcatán, welches die Hauptstadt der Provinz ist, ward er auf eine sehr feierliche Art empfangen; denn es erwarteten ihn mehr als zwanzig bis dreißig tausend Indianer, welche ganze Lasten Hühner und andere Lebensmittel bei sich hatten. Als das Geschenk angekommen und in Empfang genommen war, gebot er, jeder Spanier solle sich unter dieser großen Anzahl Menschen so viele Indianer aussuchen, als er, während ihres dortigen Aufenthaltes, zu seiner Bedienung, zum Lasttragen und zu Herbeischaffung des Notwendigen, zu bedürfen glaube. Da nahm dieser hundert, jener funfzig, oder so viele als ihm zureichend schienen, sich aufs Beste bedienen zu lassen. Die unschuldigen Lämmer ließen sich diese Teilung auch gefallen, und bedienten sie nach ihrem besten Vermögen, so daß wenig fehlte, sie hätten sie angebetet. Inzwischen verlangte der Befehlshaber von den Caziquen, sie sollten ihm Gold schaffen, denn deswegen sei er hauptsächlich zu ihnen gekommen. Die Indianer antworteten: sie wollten ihm gern alles Gold geben, das sie besäßen, und brachten auch sogleich eine Menge Beile herbei, deren sie sich gewöhnlich zu bedienen pflegten. Sie waren von vergoldetem Kupfer, sahen aber wie pures Gold aus, und enthielten auch einiges. Er befahl, sie auf den Probierstein zu bringen; als er aber sah, daß sie von Kupfer waren, sagte er zu seinen Spaniern: Dies Land hole der Teufel! Laßt uns weiter marschieren; denn hier gibt es kein Gold! – Darauf befahl er, sie sollten die Indianer, von welchen sie sich bedienen ließen, in Ketten schmieden und als Sklaven brandmarken. Dies geschah, und sie brannten allen, welche sie zusammen ketteten, das Königliche Zeichen als Sklaven auf. Unter ihnen befand sich der einzige Sohn des vornehmsten Herrn jener Stadt, und ich sah, daß man ihn auf die nämliche Art gebrandmarkt hatte. Da nun die Indianer wahrnahmen, daß in allen Gegenden des Landes dergleichen Bosheiten verübt wurden, rotteten sie sich zusammen, und ergriffen die Waffen. Allein die Spanier richteten eine fürchterliche Niederlage unter ihnen an, zogen dann nach Guatemala, und erbaueten daselbst eine Stadt, die Gottes Gerechtigkeit vor nicht gar langer Zeit durch ein dreifaches Strafgericht zerstörte; nämlich durch Überschwemmung, Erdbeben, und herabstürzende Felsenstücke, die so groß, wie zehn bis zwanzig Ochsen, waren.[26]

Nachdem nun die Spanier nicht allein alle Vornehmen des Landes, sondern überhaupt fast alle Mannspersonen, welche die Waffen tragen konnten, getötet hatten, belegten sie die übrigen mit ihrer mehrerwähnten teuflischen Knechtschaft, forderten Sklaven zum Tribut, ließen sich, da die Eingebornen keine andern Sklaven hatten, ihre Söhne und Töchter geben, schickten ganze Schiffsladungen derselben nach Peru, verkauften sie dort, und begingen noch außerdem so viele Mordtaten und Greuel, daß dadurch ein ganzes Reich, welches mehr als hundert Quadratmeilen enthält und unter die volkreichsten und fruchtbarsten auf der ganzen Erde gehörte, gänzlich zu Grunde gerichtet wurde. Besagter Wütrich selbst bezeugte, es sei volkreicher, als das Königreich Mexico; und er sagte die Wahrheit. Er und andere seines Gelichters brachten in Zeit von funfzehn bis sechzehn Jahren, nämlich von vier und zwanzig bis vierzig, über fünf Millionen Menschen darin um, und noch bis auf den heutigen Tag hört das Würgen und Wüten unter den Übriggebliebenen nicht auf.

Wenn dieser Barbar darauf ausging, einen Ort oder eine Provinz zu überfallen, so pflegte er gewöhnlich von solchen Indianern, die schon unter seiner Botmäßigkeit standen, so viele mitzunehmen, als er nur konnte, damit sie die andern bekriegen mußten. Da er nun oft zehn bis zwanzig tausend Mann bei sich hatte, denen er nichts zu essen gab; so erlaubte er ihnen, daß sie die Indianer, welche sie zu Gefangenen machten, verzehren durften. In seinem Lager hielt er sogar eine öffentliche Schlachtbank, wo Menschenfleisch feil war, und wo in seiner Gegenwart kleine Kinder geschlachtet und gebraten wurden. Erwachsene Leute wurden oft nur der Hände und

Füße wegen, welche für Leckerbissen gehalten wurden, ermordet. Als die Bewohner andrer Länder von diesem unmenschlichen Verfahren hörten, wußten sie sich vor Furcht und Entsetzen nicht zu bergen.

Beim Schiffbau brachte er ebenfalls eine Menge Menschen ums Leben. Auf seinen Befehl mußten die Indianer Anker von drei bis vier Zentnern, die ihnen auf die Schultern und den Rücken gelegt wurden, von der Nordsee bis zur Südsee hundert und dreißig Meilen weit tragen. Auf eben die Art ließ er durch diese armen, nackten Menschen sehr viele Artillerie fortschaffen. Mir selbst sind ihrer mehrere unterweges begegnet, die Todesangst unter dieser Bürde erduldeten. Er trennte die Ehen, und zerriß die Bande des häuslichen Lebens; denn er ließ Weiber und Mädchen wegnehmen, und gab sie seinen Soldaten und Schiffsleuten preis, welche sie mit auf die Flotte schleppten. Auch ließ er ganze Schiffe mit Indianern beladen, wo sie denn sämtlich vor Hunger und Durst verschmachteten. In der Tat, wenn man alle seine Grausamkeiten einzeln erzählen wollte, so ließe sich ein großes Buch darüber schreiben, das die Welt mit Entsetzen lesen würde. Er rüstete zwei Flotten aus, deren jede aus sehr vielen Schiffen bestand; vermittelst derselben sengte und brennte er, wohin er nur kam, wie Feuer vom Himmel. O wie viele wurden zu Waisen durch ihn! Wie viele beraubte er ihrer Kinder! Wie vielen Männern entriß er ihre Weiber, wie vielen Weibern ihre Männer! Wie oft und viel lud er Unzucht, Ehebruch, und andere dergleichen Schandtaten auf sein Gewissen! Wie viele beraubte er der Freiheit! Welche Angst, welches Elend mußten so viele um seinetwillen erdulden! Wie viele Tränen, Seufzer und Klagen hat er nicht auf sich geladen! Wie viel Unheil stiftete er nicht in dieser Welt, und welch eine Menge Seelen hat er nicht in jener auf ewig unglücklich gemacht! Ich meine hier nicht bloß Indianer, deren unzählige waren, sondern hauptsächlich jene verruchten Christen, die er sich bei Verübung seiner schweren

Sünden und abscheulichen Verbrechen zu Gehülfen wählte! Möge Gott sich seiner erbarmet, und ihm um deswillen verziehen haben, daß es zuletzt ein so böses Ende mit ihm nahm.[27]

Panuco und Xalisco

Als alle diese Grausamkeiten und Mordtaten, nebst mehrern andern, die ich mit Stillschweigen übergehe, in Neu-Spanien verübt worden waren, kam im Jahre eintausend fünfhundert fünf und zwanzig ein anderer eben so gefühlloser Tyrann in *Panuco* an.[28] Er wütete ebenfalls auf die grausamste Art, und brandmarkte auf die nämliche Weise ihrer sehr viele zu Sklaven, die doch lauter freigeborne Leute waren. Ganze Schiffe voll schickte er nach Cuba und Hispaniola, wo er sie vorteilhafter verkaufen konnte. Überhaupt verheerte er diese ganze Provinz, und es kam endlich gar so weit, daß man achtzig Indianer, vernünftige Menschen, für ein einziges Mutterpferd gab. Von hier ward er hinwegberufen, damit er, nebst andern nicht minder großen Tyrannen, die Stadt Mexico und ganz Neu-Spanien regieren sollte. Jene wurden als Oberrichter, er aber als Präsident angestellt. In Gemeinschaft derselben beging er Missetaten, Verbrechen, Grausamkeiten, Räubereien und andere Abscheulichkeiten, die allen Glauben übersteigen. Hierdurch ward dies ganze Land dergestalt entvölkert, daß sie in Zeit von zwei Jahren ganz Neu-Spanien in eben den Zustand, wie die Insel Hispaniola, versetzt haben würden, wofern es ihnen Gott nicht durch die Widersetzlichkeit der Franziskaner verwehrt, und ein neuer Königlicher Rat ihnen nicht Einhalt geboten hätte, der sehr gut war, Gerechtigkeit beförderte und Tugend liebte.[29] Einer, der zu der erwähnten Gesellschaft gehörte, kam einst auf den Einfall, einen ihm zugehörigen großen Garten mit einer Mauer einfassen zu lassen. Er zwang achttausend Indianer, diese Arbeit zu übernehmen, bezahlte sie aber nicht, und gab ihnen nicht einmal das mindeste zu essen. Schnell raffte der Hunger einen nach dem andern hin; allein es rührte ihn nicht.

Sobald der Befehlshaber, welcher, wie ich bereits sagte, Panuco verheerte, die Nachricht vernahm, daß jene gute Königliche Audiencia im Anzuge sei, stellte er sich, als müsse er ins Innere des Landes marschieren, um dort Entdeckungen zu machen; eigentlich suchte er aber nur eine andere Gegend, wo er ungestraft tyrannisieren konnte. Er hob demnach funfzehn bis zwanzig tausend Mann gewaltsamer Weise in der Provinz Mexico aus, die ihm und den Spaniern, welche er bei sich hatte, das Gepäck nachtragen mußten. Von diesen kamen nicht zweihundert wieder zurück, und niemand, als er, war die Ursache, daß die andern alle auf diesem Marsch umkamen. Er zog nach der Provinz *Mechuacam*, die vierzig Meilen von Mexico liegt, und eben so volkreich und fruchtbar ist, wie dieses Reich.[30] Der Herr und König des Landes kam ihm, nebst einer sehr zahlreichen Prozession, entgegen, brachte ihm Geschenke, und erbot sich zu allen möglichen Diensten. Auf der Stelle ließ er ihn aber gefangen nehmen, denn er stand in dem Rufe, daß er viel Gold und Silber besitze. Damit er nun seine Schätze hergäbe, ließ der Tyrann ihn ungesäumt folgendergestalt peinigen. Man legte ihn mit ausgestrecktem Körper auf die Erde, band seine Hände an einen Pfahl, schloß seine Füße in den Stock, und hielt ihm einen Brand dicht an die Sohlen. Ein Junge mußte dieselben von Zeit zu Zeit mit einem in Öl getauchten Weihwedel benetzen, damit die Haut recht durchbraten sollte. Neben ihm stand auf der einen Seite ein schrecklicher Kerl, der mit gespannter Armbrust ihm nach dem Herzen zielte; auf der andern stand wieder so ein Barbar, hielt einen grimmigen Hund, und hetzte denselben auf ihn los, als wenn er ihn jeden Augenblick zerreißen sollte. So marterte man ihn, damit er die vermeintlichen Schätze entdecken sollte, bis endlich ein Franziskaner dazu kam, und ihn aus ihren Händen befreiete; gleichwohl aber starb er an den erlittenen Martern. Auf die nämliche Weise quälten und peinigten sie mehrere große Herren und Caziquen in dieser Provinz, damit sie ihnen Gold und Silber geben sollten. Um diese Zeit zog ein gewisser Tyrann als Visitator umher[31], der aber sich weniger um Leib und Seele, als vielmehr um Habe und Gut der Indianer bekümmerte, weil es hier nur auf Raub ankam. Dieser erfuhr, daß die Indianer ihre Götzenbilder versteckt hätten; denn die unseligen Spanier hatten ihnen nie einen bessern Unterricht von Gott erteilt. Darauf setzte er die Caziquen gefangen, und marterte sie auf die ungerechteste und schrecklichste Weise, bis sie ihm ihre Götzenbilder gaben; denn er glaubte, sie wären von Gold oder Silber. Damit er nun aber seinen Zweck, der bloß im Rauben und Stehlen bestand, nicht ganz verfehlen möchte, zwang er die Caziquen, ihm diese Götzenbilder wieder abzukaufen. Sie gaben ihm auch wirklich alles ihr Gold und Silber dafür, das sie zusammenbringen konnten, und beteten dann diese Bilder nach wie vor wieder als ihre Götter an. Dies sind die guten Werke und Exempel, wodurch die unseligen Spanier die Ehre Gottes in Indien befördern.

Aus der Provinz Mechuacam zog dieser tyrannische Oberbefehlshaber nach *Xalisco*.[32] In dieser Provinz wimmelte es, wie in einem Bienenstock; sie war eine der volkreichsten und fruchtbarsten Provinzen in ganz Indien, und erhielt eine solche Menge Ortschaften, daß es nicht anders schien, als erstreckten sich einige derselben auf sieben Meilweges. Als er dort ankam, ward er von den Großen des Landes und vielem Volke mit Geschenken und großen Freudensbezeigungen empfangen; auf welche Art sie von allen Indianern bewillkommnet wurden. Allein auch hier fing er seine gewöhnlichen Schandtaten und Grausamkeiten wieder an, und trieb es, wie allenthalben, ja noch weit ärger, damit er nur seinen Endzweck, nämlich Gold zu bekommen, erreichen möchte, welches ihm weit mehr, als Gott, am Herzen lag. Er verbrannte die dort befindlichen Ortschaften, nahm die Caziquen gefangen, marterte sie, und machte alle diejenigen, welche ihm in die Hände fielen, zu Sklaven. Unsäglich viele ließ er in Ketten schmieden; kaum entbundne Weiber sogar mußten die schwersten Lasten tragen, die ihnen von diesem Unchristen aufgebürdet wurden; und da sie vor Arbeit, Entkräftung und Hunger, ihre Säuglinge nicht fortbringen konnten, mußten sie dieselben unterweges liegen lassen, wodurch ihrer sehr viele ums Leben kamen.

Einst wollte ein sogenannter Christ ein Mädchen mit aller Gewalt zur Unzucht zwingen; die Mutter aber widersetzte sich ihm, und wollte ihr Kind ihm aus den Händen reißen. Darauf zog er sein Schwert, hieb der Mutter die eine Hand ab, und weil das Mädchen in sein Begehren nicht willigen wollte, brachte er es mit vielen Dolchstichen ums Leben.

Unter andern ließ er auf die ungerechteste Art von der Welt – denn sie waren so frei, wie die andern alle – viertausend und fünfhundert Menschen, Männer, Weiber und Kinder, welche letztern teils noch an den Brüsten ihrer Mütter lagen, teils nur zwei, drei, vier, höchstens fünf Jahre alt waren, als Sklaven brandmarken, ob sie gleich ihm friedlich und zum Empfang entgegen gekommen waren. Unzähliger andrer Grausamkeiten will ich nicht einmal erwähnen.

Nachdem nun alle diese ungerechten und satanischen Kriege, nebst den dabei verübten Mordtaten, vorüber waren, verbreitete er, wie gewöhnlich, die unerträglichste und abscheulichste Sklaverei über das ganze Land. Denn alle christliche Barbaren, die sich in Indien befinden, behaupten, dies Recht über die dortigen Völker zu haben und es ausüben zu dürfen. Bei dieser Gelegenheit erlaubte er seinem eignen Haushofmeistern, so wie allen übrigen, den Indianern die schrecklichsten Qualen und Martern antun zu dürfen, damit sie Gold und Tribut von ihnen erpreßten. Einer von seinen Haushofmeistern ließ eine Menge Indianer hängen, lebendig verbrennen, den Hunden vorwerfen, ihnen die Köpfe, Hände und

Füße abhauen, oder die Zungen ausreißen, da doch die guten Leute in Frieden lebten, und er keine andere Ursache angeben konnte, als daß er sie in Schrecken setzen und sie zwingen wollte, sich ihm zu unterwerfen und Gold und Tribut zu bezahlen. Jener Erztyrann sah dies alles mit an, und wußte von allem. Die Peitschenhiebe, Stockschläge, Ohrfeigen und andere Grausamkeiten, die stündlich und augenblicklich vorfielen, will ich hier gar nicht erwähnen.

Man sagt für gewiß, er habe in dem Königreiche Xalisco achthundert Ortschaften zerstört und verbrannt. Dies war die Ursache, daß die Indianer – als sie wahrnahmen, daß ihr Untergang ein- für allemal unvermeidlich sei – sich empörten, in die Gebirge flohen, und mehrere Spanier in gerechtem Grimm erschlugen. Als nachher andere Tyrannen dahin kamen, neue Ungerechtigkeiten und Bedrückungen verübten, und andere Provinzen ebenfalls verheerten, oder, wie sie es nannten, entdeckten; da verbanden sich mehrere Indianer unter einander, und baueten sich Festen auf einigen Felsen. Da gab es abermals ein Blutbad über das andere, bis endlich dies ganze weitschichtige Land verwüstet, und fast alle seine Bewohner getötet waren. Die verruchten, verblendeten, von Gott verlassenen und in ihren verkehrten Sinn dahin gegebenen Spanier sahen nicht ein, daß die Indianer die gerechteste und gültigste Ursache gehabt hätten, sie, wofern sie anders bewaffnet gewesen wären, nach allen natürlichen, göttlichen und menschlichen Gesetzen, mit dem größten Fug Rechtens in Stücken zu hauen, und aus ihrem Lande hinauszuwerfen. Noch weniger konnten sie begreifen, daß sie auf die ungerechteste, ruchloseste, gesetzwidrigste Art verfuhren, als sie jene unerhörten Grausamkeiten, Vergehungen und unverzeihbaren Verbrechen an den Indianern verübten. Sie bekriegen sie vielmehr noch immer, und denken, glauben und schreiben, alle die Siege, welche sie über die armen schuldlosen Indianer davon tragen, kämen von Gott; nicht anders, als hätten sie die gerechtesten Ursachen zu ihren Kriegen. So freuen und rühmen sie sich noch ihrer Tyrannei, und danken Gott dafür, gerade so wie ihm die Tyrannen und Mörder dankten, von welchen der Prophet Sacharias im elften Kapitel spricht: Hüte der Schlachtschafe, denn ihre Herren schlachten sie, und haltens für keine Sünde, verkaufen sie, und sprechen: gelobet sei der Herr, ich bin nun reich, und ihre Hirten schonen ihrer nicht.

Yucatan

Im Jahr eintausend fünfhundert sechs und zwanzig ward ein anderer boshafter Mensch zum Gouverneur der Provinz *Yucatan* ernannt, weil er den König mit Unwahrheit berichtete und lügenhafte Vorschläge tat.[33] So machten es gewöhnlich alle dortige Tyrannen bis auf den heutigen Tag, damit sie zu Ämtern kamen und Aufträge erhielten, vermöge deren sie ungestraft rauben konnten. Dies Königreich Yucatan war gepfropft voll Menschen; denn es ist ein großes gesundes Land, das Lebensmittel im Überfluß hat, und noch weit fruchtbarer ist, als Mexico. Besonders gibt es so viel Wachs und Honig daselbst, als man bis jetzt noch in keiner andern Gegend Indiens angetroffen hat. Im Umkreise mag dies Reich ungefähr dreihundert Meilen enthalten. Seine Bewohner zeichnen sich vor allen andern Indianern durch Klugheit und politische Verfassung aus. Bei ihnen traf man noch weit weniger Sünden und Laster, als bei allen übrigen an. Sie waren vorbereitet und würdig, zur wahren Erkenntnis Gottes geführt zu werden. Hier hätten die Spanier große Städte erbauen, und wie im irdischen Paradiese leben können, wenn sie dessen wert gewesen wären. Allein ihres Geizes, ihrer Gefühllosigkeit und ihrer schweren Verbrechen wegen, verdienten sie es nicht, und waren dieses Landes eben so wenig als so vieler andern wert, die ihnen Gott in Indien zeigte.

Dieser Barbar fing damit an, daß er die guten schuldlosen Leute, die friedlich in ihren Wohnungen lebten und niemand das geringste zuwider taten, mit dreihundert Mann, die er bei sich hatte, auf die grausamste Art bekriegte, und eine große Anzahl von ihnen ermorden ließ. Da dies Land kein Gold enthielt, – denn hätte er nur ein Stückchen Gold darin gefunden, so würde er sie in die Bergwerke geschickt haben, wo sie ohnedies umgekommen wären – so beschloß er, diese Menschen, für welche Jesus Christus sein Leben gab, mit Leib und Seele in Gold zu verwandeln. Er machte demnach diejenigen, welche er nicht umbrachte, samt und sonders zu Sklaven; und da überall, wo man Sklaven witterte, eine Menge Schiffe bei der Hand waren, so ließ er dieselben schwer genug mit Menschen beladen, verhandelte sie gegen Wein, Öl, Weinessig, Speck, Kleidungsstücke, Pferde, kurz gegen alles, was entweder er oder seine Gefährten vonnöten hatten, und verfuhr hierbei nach Gutdünken. Er ließ jedem freie Wahl, unter funfzig bis hundert Mädchen sich dasjenige auszusuchen, das ihm am besten gefiel, und nahm dann eine Arrobe Wein, Öl, Essig, oder auch wohl eine Speckseite dafür. Um denselben Preis war ein hübscher Bursche zu haben, der unter zwei- bis dreihundert andern ausgesucht ward; ein anderer aber kostete nur so und so viel. Es ereignete sich unter andern, daß man einen jungen Menschen, der eines Fürsten Sohn zu sein schien, um einen Käse weggab, hundert andere Personen aber gegen ein Pferd vertauschte. Mit solchen Dingen beschäftigte er sich vom Jahr eintausend fünfhundert sechs und zwanzig bis drei und dreißig, also sieben volle Jahre. Während derselben verheerte und entvölkerte er jene Gegenden unaufhörlich, und opferte die darin befindlichen Menschen ohne Gnade und Barmherzigkeit auf. Endlich aber erscholl die Nachricht von den Schätzen Perus; und da alle Spanier, welche er bei sich hatte, dahin wollten, so ließen jene Höllenplagen einige Zeit nach. Gleich nachher begingen seine Untergebenen wieder andere große Missetaten, Diebstahl, Menschenraub und dergleichen schwere Verbrechen gegen Gott. Noch bis auf den heutigen Tag werden dergleichen begangen, so daß jener Bezirk von dreihundert Meilen, welcher ehedem, wie ich bereits sagte, so außerordentlich mit Menschen besetzt war, gegenwärtig fast ganz entvölkert ist.

Es dürfte schwer sein, alle die einzelnen Grausamkeiten, die hier begangen wurden, zu beschreiben und Glauben zu finden. Ich will nur zwei oder drei derselben anführen, die mir so eben beifallen. Die Spanier suchten die Indianer, sowohl Männer als Weiber, mit wilden Hunden auf, die ihrer Spur folgten. Da nun einst eine kranke Indianerin sah, daß sie diesen Hunden nicht entfliehen könne, und, gleich andern, von ihnen zerrissen werden würde; so nahm sie einen Strick, band sich ihr Kind, das nur erst ein Jahr alt war, an den einen Fuß, und erhing sich dann an einem Balken. Kaum war sie fertig damit, als die Hunde kamen und das Kind stückweise zerrissen; doch ward es noch vor seinem Ende von einem Ordensgeistlichen getauft.

Als die Spanier sich aus diesem Reiche entfernten, sagte einer von ihnen zu dem Söhnchen eines vornehmen Herrn, dem ein gewisser Ort oder wohl gar eine große Provinz gehörte, er solle ihn begleiten. Der Knabe erwiderte: er wolle sein Vaterland nicht verlassen. Komm den Augenblick mit, sagte der Spanier, oder ich schneide dir die Ohren ab. Nein, sagte der Knabe. Darauf zog der Spanier seinen Dolch heraus, und schnitt ihm erst das eine Ohr ab, dann auch das andere. Da nun der Knabe noch immer sagte, er wolle sein Vaterland durchaus nicht verlassen; so schnitt er ihm auch die Nase ab, und lachte dann, daß man hätte sagen sollen, er habe ihm kein Härchen gekrümmt.

Dieser nämliche Bösewicht rühmte sich einst gegen einen ehrwürdigen Geistlichen, prahlte, und sagte unter andern auf die schamloseste Weise: er gehe recht darauf aus, so viele

Indianerinnen zu schwängern, als er nur könne; denn wenn sie in andern Umständen wären, und er sie hernach als Sklavinnen verkaufte, so bekäme er desto mehr Geld dafür.

In diesem Reiche, oder in dieser Provinz von Neu-Spanien, pflegte ein gewisser Spanier mit seinen Hunden zuweilen Kaninchen und anderes dergleichen Wildpret zu fangen. Eines Tages fand er nichts zu jagen, und es schien ihm, als hätten seine Hunde Hunger, Da nahm er ein Knäbchen, welches er seiner Mutter entriß, hieb ihm mit seinem Dolche von Armen und Beinen ein Stück nach dem andern herunter, und gab jedem Hunde sein Teil davon. Als sie nun diese Stücke aufgefressen hatten, warf er das Körperchen auf die Erde, damit sie es zusammen verzehrten.[34] Hieraus kann man sehen, wie unbarmherzig die Spanier in diesen Ländern hauseten; welchergestalt Gott sie ganz in verkehrten Sinn dahin gab; wie wenig sie jene Menschen achteten, die Gott doch ebenfalls nach seinem Bilde erschaffen, und für welche er sein Blut vergossen hatte. Weiter unten werden wir noch schrecklichere Dinge vernehmen.

Ich übergehe unzählige andere unerhörte Grausamkeiten, welche die sogenannten Christen in diesem Reiche verübten; denn kein menschlicher Verstand würde sie alle fassen können. Nur dies einzige führe ich zum Beschluß noch an. Als alle diese teuflische Barbaren, welche die Schätze Perus verblendeten, in vollem Taumel abmarschiert waren, fand sich Pater Jacobo vom Franziskaner-Orden, nebst vier andern seiner Mitbrüder, bewogen, dies Reich zu besuchen. Sie sämtlich hatten die Absicht, die Überbleibsel jenes Volkes, welche nach einer so höllischen Weinlese, wie die Spanier gehalten, und nach so vielen Mordtaten, welche sie sieben ganzer Jahre nach einander begangen hatten, noch vorhanden waren, zu sammeln, zu trösten, ihnen Jesum Christum zu predigen, und sie demselben zuzuführen. Ich glaube, daß dies die nämlichen Geistlichen waren, zu welchen gewisse Indianer der Provinz Mexiko im

Jahr eintausend fünfhundert vier und dreißig einige Abgeordnete schickten. Sie fanden nämlich für gut, besagte Geistliche in ihr Land zu berufen, damit sie ihnen richtige Begriffe von dem einzigen Gott beibringen möchten, welcher der wahre Gott und Herr des ganzen Weltalls sei. Lange beratschlagten sie sich unter einander, hielten häufige Zusammenkünfte, zogen zum öftern vorläufige Nachrichten ein, was das wohl für Menschen sein möchten, die sich Patres und Ordensgeistliche nennten, was sie eigentlich begehrten, und worin wohl der Unterschied zwischen ihnen und jenen Christen bestehe, von welchen sie so viele Ungerechtigkeiten und Elend erduldet hatten; endlich aber beschlossen sie, ihnen den Zutritt zu verstatten, doch unter der Bedingung, daß sie allein kommen und keine Spanier mitbringen sollten. Dies versprachen die Geistlichen; denn sie hatten vorher die Bewilligung des Vizekönigs von Neu-Spanien darüber eingeholet, und den Auftrag erhalten, sie sollten versprechen, daß keine andere Spanier, als nur Geistliche, in ihr Land kommen würden, und daß ihnen überhaupt kein Leid widerfahren solle. Sie predigten ihnen hierauf, wie gewöhnlich, das Evangelium von Christo, und machten ihnen die heilsamen Absichten der Könige von Spanien in Rücksicht ihrer bekannt; die Indianer aber faßten eine solche Liebe für diese Geistlichen, fanden so viel Geschmack an ihrer Lehre, erbaueten sich dergestalt an ihrem Wandel, und freueten sich so sehr über die Nachrichten von den Königen Castiliens – denn die Spanier hatten sie ganze sieben Jahre hindurch in dem Wahn gelassen, es sei kein anderer König, als nur der, welcher sie martern und umbringen lasse – daß die Caziquen den Ordensgeistlichen, nachdem sie etwa vierzig Tage im Lande waren und gepredigt hatten, alle ihre Götzenbilder brachten und auslieferten, damit sie dieselben verbrennen möchten. Gleich nachher gaben sie ihnen ihre Kinder zu unterrichten, die sie wie das Licht ihrer Augen liebten, baueten ihnen Bethäuser, Tempel und Wohnungen, und luden sie nach andern Provinzen ein, damit sie daselbst predigen, und ihnen Begriffe von Gott und demjenigen geben möchten, den sie den großen König von Castilien nannten. Auf Zureden der Geistlichen taten sie nachmals etwas, dergleichen bis auf den heutigen Tag nicht wieder in Indien geschah. Denn alles was von verschiedenen Tyrannen ausgesprengt wurde, welche jene Länder und Reiche verwüsteten, ist unwahr und erlogen. Zwölf bis funfzehn große Herren, die viel Land und Untertanen hatten, beriefen dieselben, jeder die seinigen besonders, zusammen, ließen sie votieren, unterwarfen sich hierauf der Oberherrschaft des Königs von Castilien aus freiem Triebe, erkannten den Kaiser, als König von Spanien, für ihren Oberherrn, und gaben darüber verschiedene Bestätigungszeichen, die ich, nebst dem schriftlichen Zeugnis der Geistlichen, in Händen habe.

Während nun diese Geistlichen mit großer Freudigkeit und vielem Segen am Glaubenswerk arbeiteten, und die stärkste Hoffnung hatten, alle noch übrigen Einwohner dieses Reichs, welche von Krieg und Mord verschont worden waren, und deren Anzahl sich ziemlich hoch belief, zu Jesu Christo zu führen; langten in einer gewissen Provinz achtzehn spanische Barbaren zu Pferde, und zwölf zu Fuß an, so daß ihrer zusammen dreißig waren. Sie hatten ganze Lasten Götzenbilder bei sich, die sie den Indianern in andern Provinzen weggenommen hatten. Der Anführer dieser dreißig Spanier ließ den Herrn des Landes, in welches sie eingefallen waren, zu sich kommen, und sagte zu ihm: er müsse diese Götzen ihm abnehmen, sie in seinem ganzen Lande verteilen, und für jeden derselben einen Indianer oder eine Indianerin als Sklaven verkaufen; wobei er ihm zugleich drohte, man werde widrigenfalls feindselig mit ihm verfahren. Aus Furcht sah also besagter Herr sich gezwungen, diese Götzen in seinem ganzen Lande zu verteilen. Er befahl seinen gesamten Untertanen, dergleichen zu nehmen, sie anzubeten, und ihm Indianer und Indianerinnen zu verschaffen, damit er sie den Spaniern als Sklaven überlassen könne. Die Indianer gerieten in Angst; wer zwei Söhne hatte, gab einen davon her, wer drei hatte, gab deren zwei; auf diese Art kam dies gotteslästerliche Geschäft zu Stande, und es gelang den Caziquen, die Spanier zu befriedigen. So waren sie Christen!

Einer von diesen ruchlosen und höllischen Straßenräubern, namens Juan Garcia, welcher krank ward und am Tode lag, hatte zwei Lasten Götzenbilder unter seinem Bette stehen. Er befahl einer Indianerin, die ihn bediente, sie sollte ja recht sorgfältig damit umgehen, und sie nicht etwa auf dem Hühnermarkt verkaufen, denn sie wären sehr schön, und sie könne für jedes einen Sklaven bekommen. Nach diesem Vermächtnis, und mit solchen Gedanken beschäftigt, starb der unselige Mensch; und wer sollte wohl zweifeln, daß er geraden Weges zur Hölle gefahren sei?

Hieraus kann man abermals ersehen und wahrnehmen, wie die Spanier, welche nach Indien gehen, das Beste der Religion befördern, und was für herrliche Beweise sie von ihrem Christentum geben; wie sehr ihnen die Ehre Gottes am Herzen liegt; wie besorgt sie sind, damit er von jenen Völkern erkannt und angebetet werde; wie eifrig sie darauf sehen, daß seine heilige Religion unter diesen Seelen sich immer weiter verbreite, und an Wachstum gewinne! Und nun entscheide man einmal, ob wohl dergleichen Sünden geringfügiger sind, als die des Jerobeam, der ganz Israel zur Sünde verführte, da er die zwei goldenen Kälber verfertigte, damit das Volk sie anbeten sollte; oder ob sie nicht jener des Judas gleich komme, und welche von beiden wohl das größte Ärgernis gaben. Dies sind endlich die guten Werke der Spanier, die sich nach Indien begaben, daß sie in Wahrheit Jesum Christum unzähligemal verkauften, verleugneten, und ihn noch täglich verkaufen und einmal über das andre verleugnen.

Nun sahen die Indianer, daß dasjenige nicht wahr sei, was

ihnen die Ordensgeistlichen versprochen hatten. Es sollten nämlich keine Spanier in diese Provinzen kommen, und dennoch brachten ihnen diese nämlichen Spanier Götzen aus andern Gegenden zum Verkauf. Gleichwohl hatten sie ihre eigenen Götzen samt und sonders den Geistlichen ausgeliefert, damit sie dieselben verbrannten, weil sie den einzigen wahren Gott anbeten wollten. Darüber geriet nunmehr das ganze Land in Aufruhr und Zorn gegen die Geistlichen. Die Indianer kamen haufenweise zu ihnen, und sagten: warum habt ihr uns belogen? Warum gabt ihr fälschlich vor, es sollten in dies Land keine Christen kommen? Warum habt ihr uns unsere Götter verbrannt, da uns doch eure Christen andere Götter aus andern Provinzen bringen, und uns zwingen, sie zu kaufen? Waren unsere Götter etwa nicht besser, als die Götter der übrigen Völker? – Die Ordensgeistlichen besänftigten sie, so gut sie konnten, wußten aber eigentlich selbst nicht, was sie antworten sollten. Sogleich aber suchten sie jene dreißig Spanier auf, erzählten ihnen welches Unheil sie angerichtet hätten, und verlangten, sie sollten sich hinwegbegeben. Allein diese wollten nicht, sondern machten vielmehr den Indianern weis, diese nämlichen Geistlichen hätten sie dorthin berufen; welches die abgefeimteste Bosheit war. Endlich beschlossen die Indianer, diese Mönche zu ermorden; sie entflohen aber bei Nachtzeit mit Beihilfe einiger Indianer, welche sie warnten. Als sie fort waren, und die Indianer sowohl die Tugend und Unschuld dieser Geistlichen, als die Bosheit der Spanier einsahen, schickten sie ihnen Boten auf funfzig Meilen nach, ließen sie bitten, zurückzukommen, und ihnen das Schrecken, welches man ihnen verursacht habe, zu verzeihen. Die Geistlichen, welche sehr eifrige Knechte Gottes und sehr besorgt um diese Seelen waren, glaubten ihnen, kamen wieder in ihr Land zurück, wurden von den Indianern wie Boten des Himmels empfangen, aufs beste bedient, und blieben nachher noch vier bis fünf Monate daselbst.

Da nun aber erwähnte Christen dies Land durchaus nicht verlassen wollten, sie auch der Vizekönig, trotz allem, was er anwandte, und ungeachtet er sie für Landesverräter erklärte, durchaus nicht vertreiben konnte, weil es zu weit von Neu-Spanien lag; da sie hiernächst ihre gewöhnlichen Tücken gegen die Indianer nicht unterließen: so fürchteten die Geistlichen, die Indianer möchten dergleichen Bosheiten über kurz oder lang ahnden, und dann möchte vielleicht alle Schuld auf sie fallen. Da sie nun noch überdies den Indianern das Evangelium nicht in Ruhe und in seiner ganzen Kraft predigen konnten, sondern vielmehr durch die Freveltaten der Spanier unaufhörlich beunruhigt wurden; so beschlossen sie, aus diesem Reiche zu wandern. Mithin blieb es ohne Licht und ohne Beihülfe der Lehre; jene Seelen aber versanken wieder in die tiefste Unwissenheit und in das nämliche Elend, worin sie sich vorher befanden. Man wartete nunmehr auf einen bessern Zeitpunkt, sie durch die wahre Erkenntnis Gottes, welche sie schon mit der größten Begierde annahmen, zu erquicken und vom Verderben zu retten. Dies war gerade so, als wenn man Pflanzen, die erst seit wenig Tagen frisch getränkt wurden, das Wasser entzöge. Und alles dies geschah durch das unverzeihbare Verschulden und durch die grenzenlose Bosheit der Spanier.

Santa Marta

Die Provinz *Santa Marta* war ein Land[35], wo die Indianer sehr viel Gold besaßen; denn es ward sowohl hier als in der benachbarten Gegend häufig gefunden, und die Indianer legten sich darauf, es zu sammeln. Deswegen ließen die spanischen Barbaren vom Jahre eintausend vierhundert acht und neunzig, bis auf gegenwärtiges Jahr eintausend fünfhundert zwei und vierzig, es sich allemal sehr angelegen sein, mit ihren Schiffen dort anzufahren, die Einwohner dieses Landes zu überfallen, zu plündern, zu morden und ihnen ihr Gold abzunehmen. Dann gingen sie unverzüglich wieder zu Schiffe, landeten bald da, bald dort, verheerten gemeiniglich die Seeküste, oder drangen doch nur wenige Meilen ins Land. So machten sie es bis zum Jahre eintausend fünfhundert drei und zwanzig, in welchem sich einige spanische Tyrannen dort festsetzten.[36] Da nun dies Land, wie gesagt, sehr goldreich war, so folgten ihnen bald verschiedene Befehlshaber nach, wovon der eine immer grausamer als der andere war. Es schien nicht anders, als wetteiferten sie mit einander, wer die größten Verbrechen und Grausamkeiten begehen könne. Hierdurch ward die Wahrheit jener Regel abermals bestätigt, welche wir weiter oben zum Grunde legten. Im Jahre eintausend fünfhundert neun und zwanzig kam ein ausgelernter Barbar nebst vielen Leuten hier an, der weder Furcht vor Gott, noch Erbarmen mit Menschen hatte. Er verübte, nebst seinen Gefährten, so viele Greuel, Mordtaten und andere Ruchlosigkeiten, daß er hierin alle seine Vorgänger übertraf. In den sechs oder sieben Jahren, während welcher er dort lebte, raubte er, nebst ihnen, ungeheure Reichtümer zusammen. Endlich mußte er aber aus seiner Residenz flüchten, und starb ohne Beichte; allein es folgten ihm ebenso habsüchtige und blutgierige Barbaren nach, die den Überrest vollends erwürgten, der den Klauen und dem Schlachtmesser ihrer Vorgänger entrann. Sie verbreiteten sich durch das ganze Land, verwüsteten und verheerten darin mehrere Provinzen, erschlugen ihre Bewohner, oder machten sie auf obenbeschriebene Weise zu Sklaven, taten den Caziquen und ihren Untertanen die größten Martern an, damit sie ihr Gold abliefern, oder Örter angeben sollten, wo dergleichen zu finden sei; kurz, ihre Schandtaten übertrafen, sowohl an Zahl als Strafwürdigkeit, alle vorhergehenden. Auf diese Art machen sie seit dem Jahre eintausend fünfhundert neun und zwanzig, bis auf den heutigen Tag, einen Erdstrich von Menschen leer, der über vierhundert Meilen enthält, und ehemals eben so bevölkert wie alle übrigen war.

Ich könnte in Wahrheit eine sehr weitläuftige Geschichte schreiben, wofern ich alle die Verbrechen, Mordtaten, Verwüstungen, Ungerechtigkeiten, Bedrückungen und andere große Sünden und Missetaten erzählen wollte, welche die Spanier in der Provinz Santa Marta gegen Gott, gegen den König und gegen diese unschuldigen Menschen begingen. Ich behalte mir dies auf einen andern Zeitpunkt vor, wofern mir Gott das Leben fristet. Gegenwärtig will ich nur einige Worte von demjenigen anführen, was der Bischof der dortigen Provinz vor nicht gar langer Zeit an unsern Herrn, den König, schrieb. Sein Brief ist vom 20sten Mai eintausend fünfhundert ein und vierzig datiert, und enthält unter anderem folgendes:

»Ich behaupte, allergnädigster König, das einzige Mittel, dies Land vom Untergange zu retten, bestehe darin, daß Ew. Majestät dasselbe der Gewalt seiner Stiefväter entreiße, und es einem Mann übergebe, der es vernünftig und überhaupt so behandle, wie dasselbe es verdient. Und zwar je eher, je lieber; denn außerdem, und wofern es jene Tyrannen noch länger so peinigen, mißhandeln und entkräften, glaube ich ganz gewiß, daß es in kurzem auf immer um dasselbe geschehen sei, usw.« Weiter unten sagt er: »Ew. Majestät werden deutlich hieraus ersehen, daß diejenigen, welche jene Länder regieren, verdient haben, ihrer Ämter entsetzt zu werden, damit das gemeine Wesen Erleichterung bekomme. So lange dies nicht geschieht, kann seine Krankheit, meines Bedünkens, unmöglich kuriert werden. Auch erhellet hieraus, daß es in jenen Gegenden keine Christen, sondern Teufel, keine Diener Gottes und ihres Königs, sondern nur Verräter gibt, die sich am Gesetze Gottes und ihres Königs versündigen. Denn wahrlich, das größte Hindernis, welches ich dort fand, warum die Indianer die Waffen nicht niederlegen, und sich an ein friedliches Leben gewöhnen, diejenigen aber, welche friedlich lebten, unsere Religion nicht annehmen wollten, war die harte und grausame Behandlung, welche sie mitten im Frieden von den Christen erdulden mußten. Darum wurden sie auch so aufgebracht, und nichts auf der Welt war ihnen verhaßter, als der Name *Christen.* In ihrer Landessprache pflegten sie dieselben gewöhnlich *Yares* zu nennen, welches so viel als Teufel bedeutet: und sie hatten unstreitig recht; denn die Spanier gingen mit ihnen nicht um, wie Christen oder vernünftige Menschen, sondern wirklich wie Teufel. Daher kam es, daß die Indianer, da sie sowohl Vornehme als Geringe, und alle insgesamt, so ruchlos und grausam handeln sahen, nicht anders glaubten, als das Gesetz der Christen bringe es so mit sich, und ihr Gott und König sei daran schuld. Es würde leichter sein, das Meer auszuschöpfen, als sie eines andern zu bereden; ja man würde hierdurch nur ein Gelächter bei ihnen erregen, und Jesum Christum, nebst seinem Gesetze, nur dem Spott und der Verachtung preisgeben. Da nun die im Kriege begriffenen Indianer sahen, wie mit denen verfahren wurde, die friedlich lebten; so dünkte es ihnen besser, lieber ein- für allemal zu sterben, als den Spaniern in die Hände zu geraten, und sich durch viele Martern totpeinigen zu lassen. Dies alles, unüberwindlicher König, weiß ich aus eigener Erfahrung, usw.«

In einer weiter unten befindlichen Stelle sagt er: »Ew. Majestät haben mehr Diener hier zu Lande, als Allerhöchstdieselben vielleicht glauben. Unter allen hier befindlichen Soldaten ist vielleicht nicht einer, der, wenn er aufs Rauben, Plündern, Verheeren und Morden ausgeht, oder Ewr. Majestät Untertanen zum Feuer verdammt, damit sie ihm Gold geben, der, sage ich, sich nicht erfrechen sollte, öffentlich vorzugeben, er stehe in Ewr. Majestät Diensten; denn unter diesem Titel bekämen Ew. Majestät Ihren Anteil von der gemachten Beute. Deswegen wäre es sehr gut, allerchristlichster König, wenn Ew. Majestät einige aufs nachdrücklichste bestrafen ließen und dadurch zu erkennen gäben, daß Allerhöchstdenenselben mit solchen Dingen, die Gott ein Greuel sind, kein Dienst geschehe.«

Alles obige sind die eigenen Worte des erwähnten Bischofs auf Santa Marta. Sie zeigen deutlich genug, wie man noch heutiges Tages mit den unschuldigen Bewohnern jener unglücklichen Länder verfährt. Kriegerische Indianer nennt er diejenigen, welche so glücklich waren, dem Blutbad der verruchten Spanier zu entkommen und sich in die Gebirge zu flüchten. Unter friedlichen aber versteht er diejenigen, welche sie, nachdem die meisten ihrer Landsleute umgebracht waren, zu obenbeschriebener abscheulicher und barbarischer Knechtschaft verdammten, worin sie alsdann ebenfalls nach und nach umkommen mußten, wie man aus den angeführten Worten des Bischofs zur Genüge ersiehet; und wahrlich, er hat kaum den tausendsten Teil ihrer Leiden geschildert.

Wenn die Spanier den Indianern schwere Lasten aufbürden, die sie ins Gebirge tragen müssen; wenn sie dann vor Arbeit und Entkräftung ohnmächtig darnieder stürzen; wenn die Spanier ihnen Fußtritte geben, mit Stöcken sie schlagen, ihnen die Zähne mit den Degenknöpfen einstoßen, damit sie weder ausruhen, noch Atem holen sollen; dann pflegen die Indianer zu sagen: Geht, ihr bösen Menschen! Ich kann nicht mehr! Schlagt mich tot! Hier wünsche ich zu sterben und auszuruhen! – Dies sagen sie mit beklemmter Brust und unter tiefen Seufzern, die deutlich genug von Schmerz und Beängstigung zeugen. Ach, wer kann nur den hundertsten Teil von allem dem Jammer und Elend beschreiben, das diese schuldlosen Menschen von den verruchten Spaniern erduldeten! Gott sei mit demjenigen, der solchen Personen eine Schilderung davon macht, die ihre Not lindern können, und deren Pflicht es ist, dies zu tun.

Cartagena

Die Provinz *Cartagena* liegt funfzig Meilen unterhalb Santa Marta gegen Westen. Sie erstreckt sich längs der Provinz *Cena* hin, bis an den Golf von Uraba. Beide nehmen über hundert Meilen an der Seeküste ein, und das Innere des Landes läuft weit gegen Mittag hin. Diese Provinzen wurden vom Jahre eintausend vierhundert acht und neunzig oder neun und neunzig bis auf den heutigen Tag gerade so behandelt, geängstigt, verheert und entvölkert, wie Santa Marta; denn die Spanier verübten darin die größten Grausamkeiten, Mordtaten und Räubereien. Damit ich desto geschwinder damit fertig werde, will ich sie mit Stillschweigen übergehen, und dafür die Freveltaten erzählen, welche noch bis auf den heutigen Tag in andern Provinzen begangen werden.

Die Perlenküste, Paria und Trinidad

Von der Küste *Paria* bis an den Golf von *Venezuela* sind, mit Ausschluß desselben, zweihundert Meilen.[37] In diesem Strich Landes war es, wo die Spanier die größten Verwüstungen anrichteten. Sie suchten die Einwohner, so viel sie nur konnten, lebendig zu fangen, und verkauften sie nachher als Sklaven. Häufig nahmen sie dieselben mitten im Frieden und während der Amnestie, die sie ihnen zugestanden hatten, hinweg. Diese guten Leute nahmen sie in ihre Häuser und wie ihre leiblichen Kinder auf, gaben ihnen, was sie hatten, und bedienten sie so gut als sie nur immer konnten; dennoch hielten ihnen die Spanier weder Treue noch Glauben. Schwerlich würde man alle die zahlreichen und häufigen Ungerechtigkeiten, Beleidigungen und Mißhandlungen einzeln erzählen und beschreiben können, welche die Bewohner dieser Gegend vom Jahre eintausend fünfhundert und zehn bis auf den heutigen

Tag von den Spaniern erdulden mußten. Ich will deren nur zwei bis drei erzählen, woraus man auf unzählige andere schließen kann, die äußerst strafbar und des Feuers würdig waren.

Die Insel *Trinidad* ist größer und fruchtbarer, als Sizilien, und hängt in der Gegend von Paria mit dem festen Lande zusammen. Ihre Bewohner sind in ihrer Art das tugendhafteste und gutmütigste Volk in ganz Indien. Auf diese Insel kam im Jahre eintausend fünfhundert und sechzehn ein raubgieriger Spanier, und brachte noch sechzig bis siebenzig ausgelernte Straßenräuber mit. Diese machten den Indianern weis, sie kämen bloß in der Absicht, dort zu wohnen und unter ihnen zu leben. Die Indianer nahmen sie so liebreich auf, wie ihre eigenen Kinder; Herr und Untertan bedienten sie mit größter Bereitwilligkeit und Liebe, und brachten ihnen täglich so viel zu essen, daß man von dem, was übrig blieb, noch einmal so viele Menschen hätte sättigen können; denn es war unter den freigebigen Bewohnern der neuen Welt allgemeine Sitte, den Spaniern alles, dessen sie bedürftig waren, im Überfluß zu verschaffen und alles das Ihrige herzugeben. Sie baueten ihnen auch ein großes hölzernes Haus, worin die Spanier zusammen wohnen konnten; denn sie wollten es so, und verlangten nur ein einziges, damit sie dasjenige vollbringen konnten, was sie sich vorgesetzt hatten und bald darauf auch wirklich vollbrachten. Da sie nun die Latten oder Sparren mit Stroh belegten, und schon zwei Mann hoch mit dem Bau fertig waren, so daß diejenigen, welche darin waren, die andern, welche sich draußen befanden, nicht sehen konnten, steckten die Spanier, unter dem Vorwande, das Haus müsse aufs schleunigste vollends ausgebauet werden, sehr viele Leute hinein, und fingen nun an, sich zu verteilen. Mehrere stellten sich derjenigen wegen, die allenfalls entspringen möchten, von außen bewaffnet ums Haus, die andern aber gingen hinein. Nun legten sie Hand an ihre Schwerter, drohten den nackten Indianern, sie sollten sich nicht rühren, sonst werde es ihnen das Leben kosten, nahmen diejenigen, welche entfliehen wollten, mit Gewalt hinweg, und hieben verschiedene in Stücken. Einige, teils verwundete, teils gesunde, entsprangen, griffen, nebst andern Einwohnern des Ortes, die nicht in das Haus gegangen waren, nach Pfeil und Bogen, und flüchteten sich in ein anderes Haus, mit dem Vorsatze, sich zu wehren. Da nun ihrer hundert oder zweihundert darin waren, und den Eingang verteidigten, warfen die Spanier Feuer hinein, und verbrannten sie alle lebendig. Darauf gingen sie mit ihrem Raube, der etwa in hundert und achtzig bis zweihundert Menschen bestand, wieder zu Schiffe, spannten die Segel auf, und fuhren nach der Insel San Juan, wo sie die eine Hälfte als Sklaven verhandelten; die andere Hälfte aber setzten sie auf der Insel Hispaniola ab. Da ich mich zur nämlichen Zeit auf der Insel San Juan befand, so machte ich dem Kapitän Vorwürfe wegen dieser so boshaften und verräterischen Tat; er antwortete mir aber: Herr, lassen Sie mich in Ruhe! Diejenigen, welche mir meine Instruktion gaben, und mich aussandten, geboten mir ausdrücklich, ich sollte feindselig gegen diejenigen verfahren, die sich nicht gutwillig gefangen nehmen ließen! Übrigens versicherte er mich, die Indianer hätten ihm so viel Gutes erzeigt, daß er mit Wahrheit sagen könne, er sei zeitlebens nicht liebreicher behandelt worden, als auf der Insel Trinidad, und hier erst habe er Vater und Mutter angetroffen. Was er da sagte, gereichte ihm zu desto größerer Beschämung, und erschwerte nur sein Verbrechen. So machten es aber die Spanier in diesem Lande unzähligemal; wenn die Indianer sich am sichersten glaubten, fiel man über sie her, und schleppte sie in die Sklaverei. Man schließe hieraus, wie die Werke der Spanier beschaffen waren, und was für Recht sie hatten, Menschen zu Sklaven zu machen, die auf solche Art weggenommen wurden.

Geistliche unsers Ordens, nämlich Dominikaner, faßten einst den Entschluß, diesen Leuten das Evangelium zu predigen, und sie zum christlichen Glauben zu bekehren. Denn es gebrach diesen Seelen, wie noch heutiges Tages den meisten Indianern, an Licht und geistlichem Beistande zur Erlangung der Seligkeit. Sie schickten demnach einen sehr frommen und tugendhaften Ordensgeistlichen dahin, und gaben ihm einen Laienbruder zum Gefährten. Er sollte das Land in Augenschein nehmen, mit den Einwohnern in Unterhandlung treten, und Gegenden aussuchen, wo man allenfalls Klöster erbauen könne. Als diese Mönche dort ankamen, wurden sie von den Indianern wie Boten des Himmels empfangen. Sie verstanden zwar damals ihre Sprache noch nicht, und mußten sich mehr durch Zeichen als Worte verständlich zu machen suchen; dennoch aber hörten ihnen die Einwohner des Landes mit vieler Rührung, Aufmerksamkeit und Freudigkeit zu. Nun begab es sich, daß bald nachher, als das Schiff, welches diese Geistlichen dort aussetzte, wieder abgesegelt war, ein anderes daselbst anlegte. Die darauf befindlichen Spanier handelten auch hier nach ihrer höllischen Gewohnheit, hintergingen und entführten den Herrn des Landes, ohne daß die Geistlichen ein Wort davon wußten. Er nannte sich *Don Alonso*; ein Name, den ihm entweder die Geistlichen oder andere Spanier beigelegt hatten; denn die Indianer führen gern christliche Namen, sind sehr begierig darnach, bitten sich dergleichen gleich anfänglich aus, und bilden sich etwas darauf ein, eh sie noch einmal wissen, ob sie getauft werden sollen. Genug, besagter Don Alonso ward, unter dem Vorwande einem Fest beizuwohnen, verleitet, sich nebst seiner Gemahlin und mehreren andern Personen auf das spanische Schiff zu begeben. Ihn und sein Weib mitgerechnet, befanden sich in allem sechzehn Eingeborene des Landes darauf. Sie alle glaubten steif und fest, da jene Geistlichen sich in ihrem Lande befänden, würden die Spanier ihnen nichts zu leide tun; außerdem würden sie sich denselben gewiß nicht anvertrauet haben. Kaum waren die Indianer ins Schiff getreten, da segelten die Verräter ab, begaben sich nach Hispaniola, und verhandelten sie dort als Sklaven.

Als die Einwohner des Landes sahen, daß man ihren Beherrscher nebst seiner Gemahlin entführt hatte, liefen sie scharenweise zu den Mönchen, und wollten sie ermorden. Als diese die verruchte Tat erfuhren, entsetzten sie sich sehr, und es ist zu glauben, daß sie gern ihr Leben darum gegeben hätten, dies Bubenstück zu vereiteln; besonders da jene Seelen dadurch auf immer verhindert wurden, das Wort Gottes zu hören und anzunehmen. Sie besänftigten sie so gut sie konnten, und versprachen ihnen, sie würden mit dem ersten dort ankommenden Schiffe nach Hispaniola schreiben, und es dahin bringen, daß sie ihren Beherrscher, nebst allen, welche er bei sich hätte, wieder bekämen. Gott fügte es, daß bald darauf ein Schiff dort anlegte, damit diejenigen, welche die Regierungsgeschäfte besorgten, desto weniger Entschuldigung fänden. Sie schrieben an die Geistlichen nach Hispaniola, baten, flehten einmal über das andere um Hülfe; allein die Richter dachten gar nicht daran, ihnen Gerechtigkeit widerfahren zu lassen; denn selbst ihnen waren einige von den Indianern zu Teil worden, die jene Barbaren so ungerechter und boshafter Weise hinweggeschleppt hatten.

Ein für allemal hatten jene beiden Geistlichen den Indianern des Landes versprochen, sie sollten ihren Gebieter Don Alonso nebst allen übrigen in Zeit von vier Monaten wieder bekommen. Da sie nun sahen, daß sie weder in vier noch in acht Monaten zum Vorschein kamen, so bereiteten sie sich zum Tode, und machten sich gefaßt, demjenigen ihr Leben zu opfern, welchem sie es bereits vor ihrer Abreise gewidmet hatten. Die Indianer töteten sie, und nahmen gerechte Rache, obgleich an unschuldigem Blute; denn sie glaubten nicht anders, als daß die Geistlichen jene Verräterei angestellt hätten. Auch sahen sie, daß dasjenige, was sie ihnen versprochen hatten, in Zeit von vier Monaten nicht erfüllt wurde. Überdies wußte man damals, und man weiß bis auf den heutigen Tag im ganzen Lande kein Wort davon, daß zwischen Ordensgeistlichen und jenen spanischen Tyrannen, Mördern und Räubern, der geringste Unterschied sei. Jene seligen Geistlichen litten ungerechterweise; mithin wird wohl niemand zweifeln, daß sie ihres unschuldigen Todes wegen, nach den Grundsätzen unserer heiligen Religion, als wahre Märtyrer zu betrachten sind, und gegenwärtig in Gottes freudenreichem Himmel leben und regieren. Wie dem aber auch sei, so ist doch so viel gewiß, daß sie bloß aus Gehorsam dies Land besuchten; daß sie den Vorsatz hatten, das Evangelium dort zu predigen und zu verbreiten; alle jene Seelen selig zu machen, alle Mühseligkeiten geduldig zu ertragen, und um Jesu Christi des Gekreuzigten willen, selbst den Tod nicht zu scheuen.

Zu einer andern Zeit wurden wieder zwei Dominikaner und ein Franziskaner von den Indianern getötet, weil die Christen so tyrannische und abscheuliche Handlungen begingen. Ich selbst befand mich als Augenzeuge dabei, und Gott entriß mich dem Tode wirklich auf wunderbare Art. Von diesem greulichen und entsetzlichen Fall, worüber die Welt erstaunen würde, könnte ich vieles erzählen. Da er aber sehr umständlich ist, so werde ich seiner zu einer andern Zeit erwähnen. Der Tag des Gerichts wird ihn vollends klar machen; dann wird Gott Rache fordern, wegen all der Greuel und Missetaten, welche diejenigen, die sich Christen nennen, in Indien verübten.

In diesem Lande, und zwar am Vorgebirge von Codera lag ein Ort, dessen Herr sich *Higuerote* nannte[38]; sei es nun, daß dies sein eigener Name war, oder daß alle Herren dieses Ortes ihn führten. Er war ein so guter Mann, und hatte so tugendhafte Leute zu Untertanen, daß alle Spanier, welche dort landeten, Zuflucht, Nahrung, Ruhe, kurz Rat und Hülfe bei ihm fanden. Er rettete ihrer viele vom Tode, die nach verübten Bedrückungen und Gewalttätigkeiten, aus andern Provinzen sich halb verhungert zu ihm flüchteten; half ihnen fort, und ließ sie auf der Perleninsel, wo die Christen eine Kolonie hatten, in

Sicherheit bringen.[39] Er konnte sie töten, ohne daß es jemand erfahren hätte, tat es aber nie. Endlich kam es so weit, daß alle Christen den Wohnort des Higuerote nur ihre Herberge nannten.

Da diese Leute so ganz sicher waren, kam einst ein unseliger Barbar auf den Einfall, einen Sprung dahin zu machen. Er kam mit einem Schiffe daselbst an, und lud viel Volks zu sich ein, das der Gewohnheit nach sein Fahrzeug besuchte und ihm gleich andern traute. Als sich nun recht viele Männer, Weiber und Kinder darauf befanden, ließ er die Segel spannen, und fuhr gerades Weges nach San Juan, wo er sie sämtlich als Sklaven verkaufte. Ich befand mich damals gerade auf dieser Insel, sah den erwähnten Barbaren daselbst, und hörte, was er begangen hatte. Nach seiner Abreise war der Ort ganz menschenleer; dies verdroß die spanischen Räuber, welche an der dortigen Küste stahlen und plünderten, nicht wenig, und sie selbst verfluchten diese abscheuliche Tat, wodurch ihr allgemeiner Zufluchtsort, worin sie so sicher wie in ihren eigenen Wohnungen waren, verheert wurde.

Ich sage nochmals, daß ich eine Menge Verbrechen und Missetaten, die auf die nämliche Art in jenen Gegenden begangen wurden, und noch bis auf den heutigen Tag daselbst begangen werden, mit Stillschweigen übergehe. Auf dieser volkreichen Küste wurden mehr als zwei Millionen Menschen geraubt, und auf die Inseln Hispaniola und San Juan geschleppt. Dort kamen sie sämtlich ums Leben, weil man sie entweder in die Bergwerke steckte, oder zu andern schweren Arbeiten verdammte. Hierunter ist nicht einmal die Volksmenge mit begriffen, die es ehedem, wie wir weiter oben sagten, auf diesen Inseln gab. Es ist ein Jammer, und das Herz möchte einem zerspringen, wenn man wahrnimmt, daß dieser so große fruchtbare Strich Landes ganz öde liegt und entvölkert ist.

Es ist eine ausgemachte Wahrheit, daß die Spanier nie ein

Schiff voll Indianern wegführten, die sie auf obbeschriebene Weise geraubt und gestohlen hatten, ohne daß dabei ein Dritteil ihrer Ladung ins Meer geworfen wurde. Dies kommt davon her, daß sie viele Menschen nötig haben, wenn sie ihren Zweck erreichen, viel Sklaven holen, und viel Geld lösen wollen. Daher geizen sie mit Speise und Trank, damit es den Tyrannen, welche sich *Armadores* (Reeder) nennen, nicht zu viele Kosten mache. Beides ist oft für die Spanier selbst kaum zureichend, die auf Raub ausziehen; die unglücklichen Indianer bekommen dann gar nichts, sterben vor Hunger und Durst; also fort mit ihnen ins Meer! Ein Spanier selbst erzählte mir als Wahrheit, es sei einst ein Schiff von den Lucayischen Inseln, wo dergleichen Unmenschlichkeiten häufig begangen wurden, bis nach Hispaniola, welches sechzig bis siebenzig Meilen davon liegt, ohne Kompaß und Seekarte gesegelt, weil ihm der Lauf, welchen es nehmen mußte, von den Leichnamen der Indianer vorgezeichnet worden sei, die man aus den Schiffen ins Meer gestürzt hatte.

Wenn nun diese Unglücklichen auf der Insel, wo man sie verkaufen will, ausgeschifft werden, dann muß vollends jedem, der nur einen Funken von Gefühl besitzt, das Herz bluten, wenn er diese nackten hungrigen Leute siehet; wenn er wahrnimmt, wie Kinder und Greise, Männer und Weiber, vor Hunger entkräftet zu Boden sinken. Dann sondert man sie ab wie die Schafe, trennt die Väter von ihren Kindern, die Weiber von ihren Männern; teilt sie in Haufen von zehn bis zwanzig Personen, und wirft das Los über sie. Hierauf bekommen die ruchlosen Armadoren ihr Teil; so pflegt man diejenigen zu nennen, welche Geld zusammenschießen, eine Flotte von zwei bis drei Schiffen ausrüsten, und die schändlichen Räuber bezahlen, die jene Unschuldigen in ihren Häusern überfallen und entführen. Fällt nun das Los etwa auf einen Haufen, worunter sich ein Greis oder ein Kranker befindet, so pflegt wohl der Tyrann, dem er zuteil wird, zu sagen: zum Teufel mit dem alten Kerl! Warum gebt ihr mir ihn? Soll ich vielleicht für sein Begräbnis sorgen? Und was mache ich mit dem Kranken da? Soll ich ihn behalten und kurieren lassen? – Da sieht man, wie die Indianer von den Spaniern geachtet werden; wie diese das göttliche Gebot der Nächstenliebe befolgen, an welchem doch das ganze Gesetz nebst den Propheten hängt. Die Tyrannei, welche die Spanier beim Perlenfang oder bei der Perlenfischerei gegen die Indianer verüben, ist eine der grausamsten und verdammenswürdigsten Erfindungen von der Welt. In dieser Zeitlichkeit gibt es gewiß keine qualvolle Höllenarbeit, die mit dieser zu vergleichen wäre; obgleich das Goldgraben in den Bergwerken ebenfalls in seiner Art sehr mühsam, und mit unbeschreiblichen Beschwerlichkeiten verbunden ist. Man senkt sie nämlich drei, vier, auch wohl fünf Klaftern tief ins Meer, und zwar von Sonnenaufgang bis zu Sonnenuntergang. Da müssen sie die ganze Zeit über ohne Atem zu holen unter dem Wasser herumschwimmen, und die Muscheln losreißen, worin Perlen wachsen. Haben sie ihre Netze damit angefüllt, so dürfen sie wieder empor kommen, und ein wenig verschnaufen. Nicht weit davon ist ein spanischer Henkersknecht in einem Nachen oder kleinen Boote befindlich. Ruhen sie zu lange, so stößt er sie wieder ins Wasser, oder reißt sie bei den Haaren hinein, damit sie fortfahren zu fischen. Ihre Speise besteht in Fischen, meist in den nämlichen Schaltieren, worin die Perlen wachsen, in Cazabe-Fisch und etwas Mais; denn andere Brotarten kennt man hier nicht. Jene Speise ist sehr mühsam zu backen; mithin bekommen sie dessen nicht genug. Des Nachts müssen sie auf der Erde schlafen, und werden in den Stock geschlossen, damit sie nicht entlaufen können. Oft tauchen sie bei dieser Fischerei, oder beim Perlenfang, unter, und kommen nicht wieder empor, weil sie von Haifischen und Seehunden umgebracht und gefressen werden; denn diese zwei Gattungen von Seetieren sind so gefräßig, daß sie einen erwachsenen Menschen verschlingen können.

Da sehe man, wie christlich die Spanier beim Perlenfang verfahren! wie sie die göttlichen Gebote befolgen, worin Liebe gegen Gott und den Nächsten anbefohlen wird! wie sie um des leidigen Geizes willen, ihren Nächsten in Leibes- und Seelengefahr stürzen! Die meisten Indianer fahren ohne Glauben und Sakramente dahin. Fast alle können diese abscheuliche Lebensart nur wenige Tage ertragen; denn es ist schlechterdings unmöglich, daß Menschen, die ohne Atem zu schöpfen unter Wasser arbeiten müssen, lange leben können. Ihr Körper wird unaufhörlich von Kälte durchdrungen; ihre Brust wird vom häufigen Zurückhalten des Atems zusammengepreßt; mithin bekommen sie Blutspeien und Durchfall, und sterben daran. Ihr Haar, das von Natur schwarz ist, bekommt eine ganz andere Farbe, und wird brandrot, wie das Fell der Meerwölfe. Auf ihrem Rücken schlägt Salpeter aus; kurz, sie sehen wie Ungeheuer in Menschengestalt aus, oder doch wenigstens wie Menschen von einer ganz andern Art. Durch diese unerträgliche Arbeit und wahre Höllenqual, richteten die Spanier, als sie auf dies Erwerbsmittel verfielen, die sämtlichen Bewohner der Lucayischen Eilande hin. Sie bezahlten für einen derselben fünfzig bis hundert Castilianer, und verkauften sie öffentlich; denn die Lucayer waren als treffliche Taucher bekannt. Vergebens hat die Regierung, so ungerecht sie in andern Fällen war, diesen Handel verboten. Außerdem brachten sie noch unzählige Menschen aus andern Inseln auf die nämliche Art ums Leben.

Yuya Pari

Die Provinz Paria durchwässert ein Strom, *Yuya Pari* genannt.[40] Es ergießt sich derselbe wohl auf zweihundert Meilen ins Land herab. Im Jahr eintausend fünfhundert neun und zwanzig ward er von einem verruchten Tyrannen, der etwas mehr als vierhundert Mann bei sich hatte, auf einem großen

Strich Weges beschifft. Dieser richtete entsetzliche Verheerungen an, verbrannte sehr viele Unschuldige lebendig, die friedlich und sorglos in ihren Wohnungen lebten, ließ sie über die Klinge springen, entvölkerte ganze Gegenden, und sengte und brennte überall. Er starb zwar endlich eines bösen Todes, und seine Armada ward zerstreut; nach ihm kamen aber andere Barbaren, die eben so tyrannisch und gewalttätig verfuhren; und noch bis auf den heutigen Tag erwürgt man dort Seelen, die der Sohn Gottes mit seinem Blut erlösete, und schickt sie zur Hölle.

Venezuela

Im Jahr eintausend fünfhundert sechs und zwanzig ward unser König und Herr, durch gewisse höchst schädliche und betrügliche Vorstellungen hintergangen; wie man denn immer daran arbeitete, ihm die Wahrheit zu verhehlen, daß sich die Spanier in Indien an Gott und Menschen und seiner Königlichen Würde auf die schrecklichste Art versündigten. Demzufolge schloß er mit gewissen deutschen Kaufleuten eine Kapitulation, oder einen Vertrag, vermöge dessen er ihnen ein ganzes großes Reich, größer als das Königreich Spanien, *Venezuela* nämlich, nebst der Verwaltung desselben, und allen dazu gehörigen Gerechtsamen überließ.[41] Sie kamen mit etwas mehr als dreihundert Mann in dies Land, und fanden an den Bewohnern desselben eben so sanfte, ja noch weit sanftere Lämmer, als alle andern Indianer dieser Gegenden waren, ehe sie von den Spaniern gemißhandelt wurden. Ich denke aber, sie wüteten weit grausamer unter ihnen, als alle bereits erwähnte Barbaren; ja noch viehischer und rasender, als die blutgierigsten Tiger und wütigsten Wölfe und Löwen. Vor Geiz und Habsucht handelten sie weit toller und verblendeter, als alle ihre Vorgänger, ersannen noch abscheulichere Mittel und Wege, Gold und Silber zu erpressen, setzten alle Furcht vor Gott und dem

Könige, und alle Scham vor Menschen hintenan; und da sie so große Freiheiten genossen, und die Jurisdiktion des ganzen Landes in Händen hatten, so vergaßen sie beinahe, daß sie Sterbliche waren.

Diese eingefleischten Teufel verwüsteten, verheerten und entvölkerten einen sehr fruchtbaren Strich Landes von mehr als vierhundert Meilen. Es gab darin große und herrliche Provinzen, Täler, die vierzig Stunden im Umkreis hatten, sehr reizende Gegenden, und eine Menge ansehnlicher Ortschaften voll Menschen und Gold. Hier wurden verschiedene große Völkerschaften nebst ihrer Landessprache so ganz ausgerottet, daß auch nicht einer mehr übrig ist, mit dem sie reden konnten; es müßte denn sein, daß einige sich in Höhlen und in das Innere der Erde verborgen hätten, die dem verderblichen Schlachtmesser dieser Fremdlinge entrannen. Sie mordeten und erwürgten, meines Bedenkens, mehr als vier bis fünf Millionen dieser unschuldigen Leute, auf die unerhörteste, ruchloseste, boshafteste Art, und stürzten ihre Seelen in die Hölle. Ja noch jetzt, auf den heutigen Tag, hört das Würgen nicht auf. Von unzähligen Verbrechen, Gottlosigkeiten und Greueltaten, die allhier begangen wurden und begangen werden, will ich nur etwa drei bis vier berühren. Man wird daraus auf diejenigen schließen können, wodurch die ungeheure Entvölkerung bewirkt wurde, von welchem ich oben sprach.

Sie nahmen den Oberherrn dieses Landes, ohne die mindeste Ursach gefangen, und marterten ihn bloß in der Absicht, Gold von ihm zu erpressen. Er machte sich aber los, entkam, und flüchtete ins Gebirge. Das ganze Land geriet hierüber in Unruhe und Schrecken, und die Einwohner verbargen sich auf Bergen und Felsen. Die Spanier aber zogen gegen sie zu Felde, suchten sie überall auf, fanden sie, richteten ein fürchterliches Blutbad unter ihnen an, und versteigerten alle, die lebendig in ihre Hände fielen, öffentlich als Sklaven. In vielen, ja ehe sie den allgemeinen Oberherrn gefangen nahmen, in allen Provinzen, wo sie nur hinkamen, gingen die Einwohner ihnen entgegen, empfingen sie mit Tänzen und Gesängen, und brachten ihnen eine große Menge Goldes zum Geschenk. Der Dank, den ihnen die Christen dafür gaben, bestand darin, daß sie dieselben über die Klinge springen ließen, und in Stücke hieben, damit das Land in Schrecken gesetzt würde. Einst, als sie auf oben beschriebene Art bewillkommt wurden, ließ der tyrannische Befehlshaber der Deutschen eine große Menge Volks in ein Haus von Stroh sperren, und befahl, sie in Stücke zu hauen. Da sich oben in diesem Hause einige Balken befanden, so kletterten ihrer viele hinauf, und entgingen dem Mordschwerte dieser unbarmherzigen Menschen oder vielmehr Bestien. Allein ihr satanischer Befehlshaber ließ das Haus anzünden, und alle diejenigen, welche noch übrig waren, lebendig verbrennen. Daher kam es, daß man sehr viele Ortschaften fand, die ganz von Menschen entblößt waren; denn ihre Bewohner flohen in die Gebirge, und hofften dort Rettung zu finden.

Einst kamen sie in eine andere große Provinz, die an der Grenze des Königreichs Santa Marta lag. Hier trafen sie die Indianer in ihren Häusern und Wohnorten, über ihren Arbeiten und im tiefsten Frieden an. Lange blieben sie bei ihnen liegen, und verzehrten ihre Habe. Die Indianer bedienten sie so eifrig, als hätten sie Leben und Seligkeit von ihnen zu erwarten, und erduldeten alle ihre unaufhörliche Bedrückungen und gewöhnliche Grobheiten, die in der Tat unerträglich sind; denn ein einziger spanischer Vielfraß verschlingt in einem Tage mehr, als eine Haushaltung von zehn Indianern auf einen ganzen Monat bedarf. Diese guten Leute gaben ihnen damals eine große Summe Goldes von freien Stücken, und erwiesen ihnen noch außerdem unendlich viel Gutes. Als die Barbaren endlich abmarschieren wollten, beredeten sie sich, ihre Hauswirte folgendergestalt zu belohnen. Der tyrannische deutsche Gouverneur – und wir halten ihn noch überdies für einen

Ketzer; denn er hörte nie Messe, erlaubte auch andern nicht sie zu besuchen, und ließ noch außerdem deutliche Kennzeichen des Luthertums blicken, woran man ihn erkennen konnte – ließ so viel Indianer nebst ihren Weibern und Kindern fangen, als nur immer zu bekommen waren. Sie wurden in einen Hof, oder in einen Kreis eingesperrt, der mit Pfählen umgeben war, die man ausdrücklich hierzu verfertigt hatte. Hierauf ließ er ihnen zu wissen tun: jeder Indianer, der wieder frei sein wollte – denn sie mußten sich nach Gutbefinden dieses boshaften Gouverneurs loskaufen – müsse so viel Goldes für sich, so viel für sein Weib, und so viel für jedes seiner Kinder geben. Um sie noch kräftiger zu zwingen, gebot er, man solle ihnen nicht das geringste zu essen geben, bis sie so viel Gold herbeischafften, als er statt des Lösegeldes begehrte. Ihrer viele schickten nach Hause, ließen Gold holen, und kauften sich frei, so gut sie konnten. Man ließ sie los, und sie gingen wieder aufs Feld an ihre Arbeit, oder nach Hause, für ihre Nahrung zu sorgen. Der Tyrann aber sendete ihnen einige gierige raubsüchtige Spanier nach, die diese bedauernswürdigen Indianer, welche sich bereits losgekauft hatten, nochmals gefangen nehmen mußten. Nun sperrte man sie wieder in den umzäunten Platz, und peinigte sie wieder so lange durch Hunger und Durst, bis sie sich zum zweitenmal löseten. So gab es ihrer viel, die zwei bis dreimal weggenommen wurden, und sich eben so oft freikauften; andere aber, die weder so viel besaßen, noch geben konnten, weil sie bereits all ihr Gold hergegeben hatten, mußten elendiglich verschmachten.

Ich verlasse nunmehr diese unglückliche, verheerte und entvölkerte Provinz, die Gold und Menschen in Menge enthielt, und in einem Tal von vierzig Meilen im Umkreis liegt, worin es mehr als einen Flecken gab, der aus tausend Häusern bestand.

Jener höllische Tyrann beschloß nunmehr, sich tiefer ins Innere des Landes zu begeben, und dort ein anderes Peru, oder vielmehr eine zweite Hölle zu suchen. Auf diesem abscheulichen Zuge schleppten er und die andern eine ungeheure Menge Indianer mit sich, denen man Lasten von drei bis vier Arroben aufbürdete, und die noch überdies an einander gekettet wurden. Ermüdete einer oder der andere, sank er vor Arbeit, Hunger und Mattigkeit darnieder, so ward ihm sogleich oberhalb des Halseisens der Kopf abgeschlagen, damit sie sich nicht bemühen durften, die andern loszuschließen, die ebenfalls am Halseisen gingen; dann fiel der Kopf auf diese, und der Körper auf jene Seite, die Last aber, welche diese Unglücklichen getragen hatten, ward unter die andern verteilt.

Wollte ich alle die Provinzen hier nennen, die er verheerte, alle die Städte und Flecken, die er verbrannte, und um so leichter anstecken konnte, da überall die Häuser nur von Stroh waren; wollte ich die Grausamkeiten und Mordtaten erzählen, die er auf diesem Marsch beging, so würde man sich darüber entsetzen, und schwerlich mir glauben, so wahr auch immer meine Erzählung wäre. Andere Tyrannen, die nach ihm in dem nämlichen Venezuela regierten, zogen in der Folge des nämlichen Weges, und andere begaben sich in die Provinz Santa Marta, mit dem nämlichen frommen Vorsatz, allhier das liebe heilige Haus von lauter Peruanischem Golde zu suchen.[42] Sie alle fanden dies vormals so volkreiche und fruchtbare Land auf zweihundert Meilen weit dergestalt durch Feuer und Schwert verheert, daß sie selbst, so sehr sie auch immer Tyrannen und Wütriche waren, sich der Verwunderung und des Erstaunens nicht enthalten konnten, als sie die Spuren bemerkten, die dieses Landverderben zurückgelassen hatte.

Alle diese Dinge sind von dem Procurator des Rates von Indien durch hinlängliche Zeugnisse erwiesen, und der Beweis ist noch jetzt bei dieser Gerichtsstelle zu finden.[43] Gleichwohl ward kein einziger von allen diesen vermaledeiten Barbaren lebendig verbrannt. Und dennoch ist dasjenige, was auf oben gedachte Weise erwiesen ist, noch nichts gegen die übrigen Greuel und Ruchlosigkeiten, die sie in diesen Ländern verübten. Denn die sämtlichen Diener der Gerechtigkeit, die sich bis auf den heutigen Tag in Indien befinden, ließen es sich in ihrer verderblichen und unbegreiflichen Verblendung gar nicht einfallen, die Verbrechen, Mordtaten und Grausamkeiten zu untersuchen, deren sich alle diejenigen, die über Indien tyrannisierten, samt und sonders schuldig machten, und die sie auch noch gegenwärtig begehen. Sie sagen bloß: dieser oder jener ging so grausam mit den Indianern um, daß der König dadurch so und so viel tausend Castilianer an seinen Einkünften verlor. Bei diesem Bericht, der noch dazu in ganz dunkeln und allgemeinen Ausdrücken abgefaßt ist, lassen sie es bewenden. Selbst dies können sie nicht einmal gehörig erweisen, aus einander setzen, und anschaulich machen. Wollten sie ihrer Pflicht gegen Gott und den König Genüge tun, so würden sie finden, daß jene deutschen Barbaren dem Könige für mehr als drei Millionen Castilianer Goldes raubten. Denn die Provinzen Venezuelas erstreckten sich, mit Inbegriff einiger andern, die ebenfalls verwüstet, geplündert und entvölkert wurden, auf vierhundert Meilweges, und waren, wie ich bereits sagte, so reich an Gold und so mit Menschen gesegnet, als irgend ein Land auf der Welt. Hier richteten sie so viel Schaden an, und schmälerten die Einkünfte der Könige von Spanien dergestalt, daß sie in diesem einzigen Reiche, in Zeit von sechzehn Jahren, einen Verlust von zwei Millionen erlitten; denn so lange ist es nunmehr, daß diese Feinde Gottes und des Königs es verheeren. Auch darf man nicht hoffen, daß dieser Schade weder jetzt noch bis an der Welt Ende ersetzt werden könne; es müßte denn sein, daß Gott alle die Millionen Seelen, welche hier in die Ewigkeit geschickt wurden, von den Toten erweckte. So viel Schade ward bloß dem Könige und zwar nur an zeitlichen Gütern zugefügt! Nun bedenke man vollends, welcher Schaden, welche Verachtung, Schmach und Lästerung Gott und der Religion zugefügt wurden! Und wodurch kann wohl der Verlust jener unzählbaren Seelen ersetzt werden, die der Geiz und die Unmenschlichkeit jener viehischen Tyrannen, der Deutschen, in die Flammen der Hölle stürzte?

Von ihrem hartherzigen und wütigen Verfahren, führe ich zum Beschluß nur noch folgendes an. Seit der Zeit, wo sie dies Land betraten, schickten sie bis auf den heutigen Tag, also sechzehn Jahre hindurch, ganze Schiffe voll Indianer nach Santa Marta, Hispaniola, Jamaica, und San Juan, wo sie als Sklaven verkauft wurden. Dies machte zusammen über eine Million Seelen aus. Noch jetzt, im Jahr eintausend fünfhundert zwei und vierzig, hört dies nicht auf. Die auf Hispaniola befindliche *Audiencia Real* weiß zwar von diesem Handel, sieht aber dabei nicht allein durch die Finger, sondern begünstigt ihn sogar; wie sie denn alle übrigen Bedrückungen und Plackereien die auf der ganzen Küste des Festlandes begangen werden, begünstigt, da sie doch dieselben leicht verhindern, und ihnen abhelfen könnte. Dennoch standen die Königreiche Venezuela und Santa Marta, die sich über vierhundert Meilen erstrecken, schon damals unter ihrer Gerichtsbarkeit, wie sie denn noch jetzt unter derselben stehn. Alle jenen Indianer wurden ohne die mindeste Ursache, und bloß aus verkehrtem boshaftem Willen, zu Sklaven verkauft, weil jene habsüchtigen Tyrannen hierdurch ihre unersättliche Geldgierde zu befriedigen suchten. Auf gleiche Art machten es alle andern Tyrannen in ganz Indien, indem sie diese unschuldigen Lämmer und Schafe nebst allen ihren Angehörigen auf die grausamste widerrechtlichste Art aus ihren Wohnungen rissen, mit dem Zeichen des Königs brandmarkten, und als Sklaven verhandelten.

Seit dem Jahr eintausend fünfhundert und zehn, zogen drei verschiedene Tyrannen zu verschiedenen Zeiten in dies Land, und hauseten daselbst eben so, wie es die andern alle, und besonders zwei von ihnen, in andern Gegenden Indiens getan hatten.[44] Sie gingen nämlich darauf aus, sich mit dem Schweiß und dem Blute ihrer Nebenmenschen zu bereichern, und sich dadurch in Glücksumstände zu versetzen, die ihre Verdienste weit überstiegen. Sie alle drei starben eines bösen Todes, und gingen mit Haus und Hof, die sie in vorigen Zeiten mit Menschenblut erkauft hatten, zu Grunde. Ich selbst kann dies von allen dreien bezeugen; und ihr Gedächtnis ist nunmehr von der Oberfläche der Erde vertilgt, als hätten sie nie unter die Zahl der Lebendigen gehört. Sie hinterließen einen sehr übeln Ruf, und im ganzen Lande ward ihr Name nie ohne Verachtung und Abscheu genannt. Hier und da begingen sie einige Mordtaten; doch waren ihrer nicht viel, denn Gott raffte sie hinweg, ehe sie die Zahl derselben vergrößern konnten. Er richtete sein Auge auf sie, und bestrafte sie allhier für das Böse, das sie in andern Gegenden begingen, und welches ich selbst erlebt und mit angesehen habe.

Der vierte Tyrann kam noch ganz neuerlich, nämlich im Jahr eintausend fünfhundert acht und dreißig, mit großen Absichten und einem zahlreichen Gefolge hier an.[45] Seit drei Jahren aber hört und sieht man weiter nichts von ihm. Indessen wissen wir so viel gewiß, daß er gleich nach seiner Ankunft sehr grausam verfuhr, und sodann plötzlich verschwand. Sollte er noch leben, so wird er nebst seinen Gefährten in diesen drei Jahren, allem Vermuten nach, viele und zahlreiche Völkerschaften vertilgt haben, wenn er anders dergleichen auf seinem Zuge angetroffen hat. Denn er ist einer von den Erfahrnen und Ausgelernten, und gehört mit zu denen, die nebst ihren Spießgesellen ganze Reiche und Provinzen zugrunde richteten.

Doch glauben wir vielmehr, Gott werde ihn auf die nämliche Art hinweggenommen haben, wie die andern.

Drei oder vier Jahre nachher, als ich obiges schrieb, kam der Überrest jener Barbaren, welche besagten Obertyrannen nach Florida begleiteten, von da zurück. Er war vor ihrer Abreise gestorben, und ich erfuhr von ihnen eine Menge unerhörter Grausamkeiten und Übeltaten, die sowohl von ihm selbst, als nach seinem unseligen Tode von diesen Unmenschen an den unschuldigen Indianern, die nicht das geringste verbrochen hatten, verübt worden waren; mithin war dasjenige, was mir lange zuvor ahnete, nicht unbegründet. Es sind dieser Verbrechen so viel, daß die Regel, welche ich weiter oben als Grundsatz annahm, auf's neue dadurch bekräftigt wird, daß nämlich die Spanier nur desto größere Sünden und Missetaten gegen Gott und ihre Nebenmenschen begehen würden, je weiter sich ihre Entdeckungen und Verwüstungen erstreckten. Wir sind es müde, alle ihre verwünschenswürdigen Exzesse und Blutschulden hier anzuführen; denn sie handelten nicht wie Menschen, sondern wie reißende Tiere. Deswegen können wir uns unmöglich entschließen, davon mehr als folgendes zu berichten.

Sie trafen große Ortschaften an, die von gesitteten, kultivierten und gutdenkenden Menschen bewohnt wurden. Unter diesen richteten sie, wie gewöhnlich, ein Blutbad nach dem andern an, damit sich ihre Herzen darüber entsetzen sollten. Auch sie wurden dadurch geängstigt und hingerichtet, daß man ihnen Lasten, wie dem Vieh, aufbürdete. Ward etwa einer oder der andere müde, oder konnte er nicht fort, so schlossen sie ihn, wenn andere vor ihm hergingen, nicht etwa von der Kette los, sondern hieben ihm, dicht über dem Halseisen, den Kopf herunter, daß der Körper auf diese, und der Kopf auf jene Seite fiel, wie wir bereits an mehreren Stellen sagten.

Einst kamen sie in einen Ort, wo sie mit Freuden aufgenommen wurden. Man gab ihnen nicht allein Lebensmittel im

Überfluß, sondern auch sechshundert Indianer, ihr Gepäck fortzuschaffen und ihre Pferde zu besorgen. Kaum waren die Barbaren fort, da kam ein Offizier wieder zurück, der ein naher Anverwandter vom Obertyrannen war. Dieser plünderte das Dorf, dessen Einwohner sich nichts Böses vermuteten, stieß den König und Herrn des Landes nieder, und beging noch andere Grausamkeiten mehr.

In einem andern großen benachbarten Orte hieben und stachen sie jung und alt, groß und klein, ohne alle Gnade und Barmherzigkeit darnieder, weil es ihm schien, als wären die Einwohner, die von ihren schändlichen und grausamen Handlungen gehört haben könnten, zu sehr auf ihrer Hut.

Einer großen Anzahl Indianer, und zwar, wie man sagt, ihrer zweihundert auf einmal, die entweder von freien Stücken kamen, oder aus einem gewissen Flecken ausdrücklich hierzu berufen wurden, ließ der Obertyrann Nase und Lippen abschneiden, so daß das ganze Gesicht bis auf den Bart verstümmelt war. Voll Jammer und Schmerz, wehklagend und vom Blute triefend, wurden sie hierauf wieder fortgeschickt, damit sie die glorreichen Taten und Wunder dieser auf Christum getauften Verkündiger des heiligen katholischen Glaubens erzählten.

Nun überlege man einmal, was dies für Leute waren! Wie sie sich der christlichen Liebe befleißigten! Wie ihr Glaube an Gott beschaffen war, den sie doch für gerecht und gütig hielten! Mit welchem Grund sie auf ihre Religion, auf ihr Gesetz stolz sein und sagen konnten, es sei ohne Wandel! Ungeheuer und unaussprechlich sind die Verbrechen, deren sich diese unseligen Menschen, diese Kinder der Verdammnis und des Verderbens, in jenen Gegenden schuldig machten. Der verruchteste unter ihnen, nämlich ihr Befehlshaber, starb ohne Beichte, und als einer, der von Gott und Menschen verlassen ist. Da er so ruchlos und boshaft war, so zweifeln wir gar nicht daran, daß er zur Hölle gefahren sei. Gott müßte sich denn, nach seiner überschwenglichen Gnade, im Verborgenen über ihn erbarmt, und ihm nicht nach seinen Werken vergolten haben.

La Plata-Fluss

Seit dem Jahre eintausend fünfhundert zwei und zwanzig oder drei und zwanzig, zogen drei bis vier Heerführer an den *Plata-Fluß*, wo es viele große Provinzen und Reiche gibt, die von einer Menge vernünftiger und gutartiger Menschen bewohnt werden. Im allgemeinen wissen wir zwar, daß sie auch hier vielen Schaden und Unheil anrichteten; aber einzelne von ihren sogenannten Bravourtaten können wir nicht erzählen, da dieser Teil Indiens viel entfernter, als alle übrigen ist. Inzwischen zweifeln wir nicht im geringsten, daß sie auch hier auf die nämliche Art verfuhren, wie sie in andern Ländern bis auf den heutigen Tag verfahren. Denn es sind noch immer die nämlichen Spanier, und unter ihnen befinden sich noch ebenfalls einige, die andere Länder verheeren helfen. Sie wollen gern reiche Herren werden, wie die andern; dies wird und kann aber nicht geschehen, ohne daß sie die Indianer ermorden, plündern, ihre Volkszahl vermindern, und zwar auf eben die boshafte Art und Weise, wie es in andern Provinzen geschah.

Nachdem wir obiges bereits geschrieben hatten, erfahren wir die glaubwürdige Nachricht, daß sie in jenem Lande wirklich ganze Reiche und Provinzen zu Grunde richteten. Sie begingen unerhörte Mordtaten und Grausamkeiten unter diesen unglücklichen Völkern, und zeichneten sich hierdurch noch weit mehr, als alle die übrigen aus. Sie hatten auch ungleich mehr Muße dazu; denn sie befanden sich in einer weit größern Entfernung von Spanien. Dagegen setzten sie auch alle Zucht und Ordnung gänzlich bei Seite, wiewohl dergleichen, wie aus dem bereits Angeführten erhellet, ohnehin nicht in Indien zu finden ist.

Im Rate von Indien war unter andern nachfolgendes verlesen. Ein gewisser tyrannischer Gouverneur gab einigen seiner Leute Befehl, sie sollten sich in gewisse Orte verfügen, und alles darin totschlagen, wofern ihnen die Indianer nicht vollauf zu essen gäben.[46] Mit dieser Vollmacht reiseten sie ab; und da sich die Indianer vor ihnen, als ihren Feinden, versteckten, und ihnen, mehr aus Furcht, als aus Mangel an Gastfreiheit, wenig gaben, so brachten sie mehr als fünftausend Seelen um.

Eine beträchtliche Anzahl friedlicher Leute unterwarf sich ihnen freiwillig, und erbot sich zu ihren Diensten. Einst schickten sie nach ihnen, und da sie nicht schnell genug kamen, oder da es der Gebrauch so mit sich brachte, suchten sie durch ihre Grausamkeiten Furcht und Schrecken unter ihnen zu verbreiten. Der Gouverneur befahl demnach, man solle sie andern Indianern ausliefern, die ihre Feinde waren. Da baten und flehten sie mit Tränen, die Spanier sollten sie lieber töten, als ihren Feinden übergeben. Weil sie nun durchaus nicht aus dem Hause, worin sie sich befanden, zu bringen waren, so hieben die Spanier sie in Stücken. Sie aber wehklagten und schrieen: wir kamen in Frieden, wollten euch dienen, und nun ermordet ihr uns? Unser Blut bleibe an diesen Wänden kleben, zum Zeugnis unsers unverschuldeten Todes und eurer Grausamkeit! Gewiß, dies war einmal eine Bravourtat zu nennen. Sie verdient reichlich überdacht und bejammert zu werden.

Peru

Im Jahr eintausend fünfhundert ein und dreißig zog ein anderer großer Tyrann mit einigem Volke in die Königreiche *Perus*.[47] Er kam unter gleichem Titel und mit den nämlichen Absichten und Grundsätzen, wie alle andern, dahin; denn er war einer von denen, die ihr Handwerk verstanden, und hatte alle Grausamkeiten und Schurkenstreiche mitgemacht, die seit dem Jahre eintausend fünfhundert und zehn auf dem festen Lande begangen wurden. Er mordete, raubte, plünderte ohne Maß und Ziel, und hielt weder Treue noch Glauben. Ganze Örter wurden von ihm verheert, und ihre Einwohner erschlagen und vertilgt. Er allein brachte so viel Unheil über dies Land, daß wir fest überzeugt sind, es sei niemand im Stande, dasselbe zu schildern und zu beschreiben. Aber der Tag des Gerichts wird es klar machen; alsdann erst werden wir seine Werke kennen lernen. Wenn ich auch einige derselben in ihrer ganzen Abscheulichkeit darstellen, und die nähern Umstände angeben wollte, wodurch sie zu noch schwerern Verbrechen wurden, so würde ich doch in Wahrheit nicht Böses genug davon sagen können.

Bei seinem verderblichen Einzuge zerstörte er einige Ortschaften, tötete ihre Einwohner und raubte eine Menge Goldes zusammen. Nicht weit davon lag eine Insel, die *Pugna* genannt wurde; sie war stark bevölkert und ungemein reizend.[48] Hier wurden sie von dem Herrn derselben und seinen Untertanen wie Engel des Himmels empfangen. Sechs ganzer Monate blieben sie daselbst liegen, und fraßen den guten Leuten ihren ganzen Vorrat auf. Endlich zeigten ihnen dieselben die Speicher, worin das Getreide aufbewahrt wurde, von welchem sie sich zur Zeit der Dürre und Unfruchtbarkeit, nebst ihren Weibern und Kindern, ernährten. Unter häufigen Tränen reichten sie es ihnen dar, damit sie nach Gutbefinden davon speisen und es aufzehren möchten. Der Dank, den sie diesen guten Leuten gaben, war der, daß sie eine große Anzahl derselben durchbohrten oder über die Klinge springen ließen; diejenigen aber, welche lebendig in ihre Hände fielen, zu Sklaven machten. Sie gingen noch außerdem so schrecklich mit ihnen um, daß sie dadurch die ganze Insel von Menschen entblößten.

Von hier zogen sie nach der Provinz *Tumbala*, die auf dem festen Lande liegt, und verheerten und erwürgten darin alles, was sie antrafen.[49] Da nun die Einwohner überall vor diesem furchtbaren und abscheulichen Menschen flohen, so gaben sie vor, sie empörten sich gegen den König und wären Rebellen. Dann bediente sich dieser Tyrann gewöhnlich folgender List: wenn die Einwohner, entweder weil er es befahl, oder auch wohl freiwillig, Gold, Silber, und von allem brachten, was sie im Vermögen hatten, so sagte er zu ihnen, sie sollten noch mehr bringen, bis er endlich sah, daß sie nichts mehr hatten, oder nichts mehr brachten. Dann sagte er, er nähme sie zu Untertanen des Königs von Spanien auf, umarmte sie, ließ in zwei Trompeten stoßen, die er mit sich führte, und tat ihnen kund, man werde nun von diesem Augenblick an ihnen weiter nichts abnehmen, noch ihnen sonst etwas zu leide tun. Er glaubte sich also berechtigt, sie, ehe und bevor er sie unter den Schutz und Schirm des Königs von Spanien aufnahm, des Ihrigen zu berauben, oder ihnen doch wenigstens dasjenige abzunehmen, was sie ihm aus Furcht vor den greulichen Nachrichten brachten, die sie von ihm vernommen hatten. Nicht anders, als wenn er, nachdem sie nunmehr wirklich unter königlicher Protektion standen, gar nicht willens sei, sie unterjochen, plündern, morden und vernichten zu lassen, und als wenn er ihrer nicht bereits genug ausgerottet hätte.

Wenig Tage nachher näherte sich ihnen der Kaiser und allgemeine Oberherr dieser Länder, namens *Atabaliba*[50], nebst einer großen Menge Volks, das entweder ganz wehrlos war, oder doch nur zum Spaß bewaffnet zu sein schien. Er wußte viel davon, wie scharf ihre Schwerter, wie spitzig ihre Lanzen, wie schnell ihre Pferde, oder was diese Spanier überhaupt für Leute waren, die, wenn die Teufel Gold besäßen, selbst diese angepackt und ihnen dasselbe geraubt haben würden. Als er in die Gegend kam, wo sie sich aufhielten, rief er: wo sind denn die Spanier? Laßt sie herkommen! Ich weiche nicht eher von der Stelle, bis sie mir wegen meiner Untertanen, die sie ermordeten, wegen der Örter, die sie verheerten, und wegen der Schätze, die sie mir raubten, Genugtuung geben! – Darauf machten sie sich an ihn, brachten eine große Menge seiner Leute um, und nahmen ihn, der in einer Sänfte getragen ward, in eigener Person gefangen. Als sie ihn in ihrer Gewalt hatten, trugen sie darauf an, er solle sich loskaufen. Da bot er ihnen vier Millionen Castilianer; er mußte deren aber wohl funfzehn bezahlen. Darauf versprachen sie ihm zwar, er solle freigelassen werden, hielten ihm aber nicht Wort, wie es die Spanier gewöhnlich mit den Indianern zu machen pflegten. Nun gaben sie ihm Schuld, er sei Ursach, daß sich das Volk zusammenrotte. Er antwortete ihnen aber: ohne seinen Willen bewege sich im ganzen Lande kein Blatt auf den Bäumen; wenn sich demnach das Volk zusammenrotte, so dürften sie nur keck glauben, er habe es befohlen; er sei ihr Gefangener, sie sollten ihn ermorden. – Dessen ungeachtet ward er verurteilt, lebendig verbrannt zu werden, wiewohl einige den Befehlshaber baten, er solle ihn erdrosseln und sodann erst verbrennen lassen. Als er dies wahrnahm, sagte er: warum wollet ihr mich verbrennen? Was habe ich euch denn getan? Versprachet ihr mir nicht, ihr wollet mich loslassen, wenn ich euch Gold gäbe? Gab ich euch nicht weit mehr, als ich versprochen hatte? Schickt mich doch lieber zu eurem König nach Spanien, wenn ihr wollet. – Er sagte hiernächst noch manches zur Beschämung der Spanier und zur Schande ihres ungerechten Verfahrens; dennoch verbrannten sie ihn. Man bedenke doch, mit welchem Rechte sie diesen Regenten bekriegten, gefangen nahmen, zum Tode verdammten und hinrichteten! Mit welchem Gewissen diese Barbaren ihre ungeheuren Reichtümer besitzen, da sie dieselben diesem großen Könige, wie auch unzähligen andern großen Herren und Privatleuten, raubten.

Von unzähligen Übeltaten und Grausamkeiten, wodurch die sogenannten Christen dies Volk auszurotten suchten, will ich nur einige hier anführen, die ein Mönch vom Orden des heiligen Franziskus gleich zu Anfang mit ansah. Er bekräftigte seine Erzählung mit Unterschrift seines Namens, und schickte Abschriften davon in alle Gegenden des Königreichs Castilien. Ich selbst besitze eine dieser Abschriften, die eigenhändig von ihm unterzeichnet ist, und worin er sich folgendermaßen ausdrückt:

»Ich, Frater Maros de Niza, Franziskaner-Ordens, und Commissarius über die Geistlichen des nämlichen Ordens im Königreich Peru, war einer der ersten Ordensgeistlichen, der die Christen begleitete, welche zuerst in diese Provinzen kamen, und bezeuge hiermit, der Wahrheit vollkommen gemäß, einige Dinge, die ich in diesem Lande mit meinen eigenen Augen sah, und welche größtenteils die dortigen Eroberungen und die Behandlung der Eingebornen betreffen. Zuerst bezeuge ich, als einer der Augenzeuge war, und hiervon vollkommene Kenntnis erlangt und eingezogen hatte, daß die Indianer in Peru die gutmütigsten unter allen Indianern sind, die ich je gesehen habe, und daß sie sich sehr freundlich und liebreich gegen die Christen betrugen. Auch sah ich, daß sie den Spaniern Gold, Silber und Edelsteine die Fülle gaben, überhaupt ihnen alles gewährten, was nur in ihren Kräften stand, und sie aufs Beste bedienten. So lange den Indianern durch Grausamkeit und üble Behandlung keine Veranlassung gegeben ward, fingen sie nie Krieg an, sondern hielten sich ruhig, nahmen die Spanier in ihren Wohnörtern mit Wohlwollen und Ehrenbezeugungen auf, und gaben ihnen nicht allein Lebensmittel, sondern auch so viele Sklaven und Sklavinnen, als man von ihnen verlangte.«

»Imgleichen bezeuge und beteure ich hiermit, daß die Spanier, sobald sie in dies Land kamen, und ohne daß die Indianer die mindeste Veranlassung dazu gaben, sich vom obersten Caziquen Atabaliba mehr als zwei Millionen Goldes bezahlen ließen. Und nachdem er ihnen das Land, welches er beherrschte, ohne den mindesten Anstand unterworfen hatte, verbrannten sie besagten Atabaliba, den Herrn des ganzen

Reichs, auf der Stelle. Nach ihm verbrannten sie seinen obersten Heerführer, *Cochilimaca*, lebendig, der doch, nebst andern Vornehmen, zum Gouverneur in Frieden kam. Auf gleiche Art verbrannten sie einige Tage nachher einen andern Caziquen, welcher *Chamba* hieß, und die Provinz *Quito* beherrschte. Er hatte nicht das geringste verbrochen, und sie wußten selbst nicht, warum sie ihn töteten.«

»Eben so ungerechter Weise verbrannten sie den Beherrscher der Canarier, *Chapera*. Einem andern vornehmen Herrn aus Quito, namens *Alvis*, verbrannten sie die Füße, und taten ihm noch andere schreckliche Martern an, damit er sagen sollte, wo Atabalibas Gold verborgen sei, wiewohl sich nachher fand, daß er gar nichts von diesem Schatz wußte. So verbrannten sie auch in Quito den Statthalter über alle Provinzen Quitos, der *Cozopaganga* hieß. *Sebastian de Benalcázar*, ein Befehlshaber des Gouverneurs, ließ ihn zu sich fordern; er kam und dachte nichts Arges. Da er aber nicht so viel Gold gab, als man von ihm verlangte; so ward er, nebst mehrern andern Caziquen und vornehmen Personen, verbrannt. So viel ich von den Spaniern vernahm, taten sie dies in der Absicht, damit im ganzen Lande kein einziger Mann von Stande übrig bleiben sollte.«

»Imgleichen trieben die Spanier eine große Menge Indianer zusammen, und sperrten sie, so viel ihrer waren, in drei große Häuser ein. Dann warfen sie Feuer hinein und verbrannten sie sämtlich, ohne daß sie den Spaniern die mindeste Veranlassung dazu gegeben, oder ihnen das geringste Leid zugefügt hatten. Es begab sich, daß ein Geistlicher, namens *Ocana*, ein Knäbchen aus dem Feuer riß; sogleich kam aber ein anderer Spanier, riß es ihm aus den Händen und warf es mitten in die Flammen, worin es, nebst den übrigen, zu Asche verbrannte. Der nämliche Spanier, der diesen kleinen Indianer ins Feuer warf, ging noch desselbigen Tages nach dem Lager zurück, fiel aber unterwegs plötzlich darnieder und blieb tot; und ich war der Meinung, man solle ihn nicht beerdigen.«

»Imgleichen bezeuge ich, daß ich mehrmals mit eigenen Augen sah, wie die Spanier den Indianern die Hände abhieben, und sowohl Männern als Weibern, ohne irgend eine andere Veranlassung, als weil es ihnen so beliebte, Nasen und Ohren abschnitten. Dies geschah an so vielen Orten, daß es zu weitläufig sein würde, sie alle namhaft zu machen. Auch sah ich, daß die Spanier die Indianer mit Hunden hetzten, und sie in Stücken zerreißen ließen; wodurch ich ihrer ebenfalls sehr viele umbringen sah. Ferner sah ich sie so viele Örter und Häuser in Brand stecken, daß ich die Zahl derselben nicht angeben kann; nur so viel weiß ich, daß ihrer sehr viele waren. Auch dies ist Wahrheit, daß sie Kinder von der Brust rissen, bei den Armen anpackten und so weit fortschleuderten, als sie vermochten. Außerdem verübten sie noch so viele Unmenschlichkeiten, daß ich mich darüber entsetzte, und sie nicht einmal alle erzählen könnte.« »Ferner sah ich, daß viele Caziquen und andere vornehme Leute, denen sie völlige Sicherheit versprochen hatten, friedlich und voll Vertrauen zu ihnen kamen, gleich nach ihrer Ankunft aber verbrannt wurden. Zwei derselben verbrannten sie sogar in meinem Beisein; den einen zu Andon und den andern zu Tumbala; auch war nicht leicht eine Gegend zu finden, wo sie, so sehr ich auch dagegen predigte, nicht das nämliche taten. Nach der genauesten Erkundigung, die ich darüber eingezogen habe, kann ich bei Gott und meinem Gewissen beteuern, daß die Indianer in Peru, wie jedermann einsehen muß, sich aus keiner andern Ursach empörten, als dieser Mißhandlungen wegen. Man hatte ihnen in der Tat Veranlassung genug dazu gegeben; denn man belog sie unaufhörlich, hielt ihnen nicht Wort, verheerte ihr ganzes Land auf die unvernünftigste, ungerechteste und grausamste Weise, und ging so abscheulich mit ihnen um, daß sie den Entschluß faßten, viel lieber zu sterben, als dergleichen Behandlung noch länger zu dulden.«

»Ferner bezeuge ich, daß ich mehr als einmal von den Indianern vernommen habe, es liege weit mehr Goldes verborgen, als je an den Tag gekommen sei; aber wegen der Grausamkeiten, welche die Spanier gegen sie verüben, wollen und werden sie es nie entdecken; denn man behandelt sie so, daß sie weit eher ihr Leben, gleich so vielen andern, darüber aufopfern werden. Hierdurch aber wird unser Herrgott höchlich beleidigt, und Ihro Majestät ein schlechter Dienst erzeigt, ja Allerhöchstdieselben werden dadurch sogar der Gefahr ausgesetzt, ein Land zu verlieren, welches gar füglich ganz Castilien ernähren könnte, und dessen Widererlangung, meines Erachtens, mit eben so vielen Schwierigkeiten, als Kosten, verknüpft sein dürfte.«

Dies alles sind die eigenen Worte des besagten Ordensgeistlichen. Der Bischof von Mexico hat sie noch überdies bekräftiget, und bezeugt ausdrücklich, daß alles dasjenige, was Pater Marco angeführt habe, Wahrheit sei.

Man erwäge hiernächst, daß dieser Pater sagt, er habe hier nur dasjenige erzählt, was er selbst mit angesehen habe; man bedenke, daß er sich nur etwa neun bis zehn Jahre im Lande aufhielt, und höchstens einen Bezirk von fünfzig bis hundert Meilen in Augenschein genommen hatte; denn er befand sich nur anfangs daselbst, da der Spanier noch wenige waren. Als sie aber noch von Gold hörten, begaben sich ihrer vier- bis fünftausend dahin, breiteten sich in diesen weiten Reichen und Ländern aus, die sich über sechshundert Meilen erstreckten, richteten dieselben gänzlich zu Grunde, und begingen überall obenerwähnte und noch weit schrecklichere Taten. Seitdem und bis auf gegenwärtige Zeit brachten sie wahrlich noch tausendmal mehr Menschen ums Leben, setzten vollends alles Erbarmen, alle Furcht vor Gott und dem Könige bei Seite, und rotteten einen großen Teil des Menschengeschlechts aus. Seit den letzten zwei Jahren brachten sie in diesen Provinzen gewiß über vier Millionen Menschen um, und noch jetzt hört dort das Morden nicht auf.

Es ist noch nicht gar lange, daß die Spanier eine große Königin mit Ruten peitschten und ums Leben brachten. Sie war die Frau des *Elingue*, der diese Länder als König regierte. Die Christen vergriffen sich an ihm, und brachten ihn durch ihre Grausamkeiten so weit, daß er sich empörte, und noch jetzt im Aufruhr begriffen ist. Nun nahmen sie die Königin, seine Gemahlin, die der Sage nach noch überdies in andern Umständen war, wider Recht und Billigkeit weg, und töteten sie, damit ihr Gemahl sich darüber kränken und grämen sollte.

Wollte ich jede Grausamkeit und Mordtat einzeln erzählen, welche die Christen im Königreich Peru begingen und noch täglich begehen; so würde sich finden, daß alle übrige, welche sie in andern Gegenden verübten, sowohl in Ansehung der Menge, als Abscheulichkeit, gegen diese für nichts zu achten sind.

Granada

Im Jahr eintausend fünfhundert neun und dreißig zogen mehrere Tyrannen zu gleicher Zeit von Venezuela, Santa Marta und Cartagena, in der Absicht aus, Peru zu besuchen. Andere, die sich bereits in Peru befanden, machten sich ebenfalls auf den Weg, noch tiefer in jene Gegenden zu dringen. Dreihundert Meilen landwärts, hinter Marta und Cartagena, fanden sie die herrlichsten und fruchtbarsten Provinzen, wo es nicht allein eine Menge Menschen von sehr gutem und sanftem Charakter, sondern auch sehr viel Gold und besonders Edelsteine von derjenigen Gattung gab, die Smaragden genannt werden. Sie nannten diese Provinzen das neue Königreich *Granada*, weil der Tyrann, welcher zuerst dort ankam, aus dem hier zu Lande befindlichen Granada gebürtig war.[51] Da nun hier so viele ruchlose und grausame Menschen aus allen Gegenden zusammen kamen; da sie insgesamt so greuliche

Menschenwürger und Bluthunde waren; da sie schon in andern Gegenden Indiens ihr Handwerk getrieben, und oben beschriebene Verbrechen begangen hatten; so verfuhren sie auch hier auf eine so teuflische Art, daß alles, was sie und andere in den übrigen Ländern verübt hatten, für nichts dagegen zu rechnen war.

Von unzähligen Greueltaten, wie diese drei Jahre hindurch daselbst begangen wurden und noch gegenwärtig daselbst begangen werden, will ich nur einige wenige, und zwar ganz kurz berühren; denn ein Gouverneur, der einen andern, welcher in dieser Provinz raubte und mordete, nicht anerkennen wollte, damit er allein rauben und morden könnte, sandte eine Klagschrift gegen denselben ein, worin alle die Plackereien, Bedrückungen und Mordtaten, deren er sich schuldig machte, von Zeugen bestätigt wurden. Dieser Bericht ward im Rate von Indien verlesen, und wird noch gegenwärtig dort aufbewahrt.

Die Zeugen sagen in demselben: die Indianer hätten in diesem Reiche ruhig und friedlich gelebt, und die Spanier aufs beste bedient; hätten sie von ihrer Hände Arbeit ernährt, den Feldbau und alle andere Verrichtungen statt ihrer besorgt; hätten ihnen viel Gold und Smaragden gebracht, und ihnen von allem gegeben, was sie im Vermögen gehabt. Die Spanier aber hätten die Ortschaften nebst ihren Herren und Bewohnern unter sich verteilt, (denn hierdurch suchten sie gewöhnlich ihren Hauptzweck, nämlich Gold zu bekommen, zu erreichen) und das ganze Land in die härteste und unerträglichste Knechtschaft versetzt.

Der tyrannische Oberbefehlshaber, welcher dies Land regierte, nahm den König desselben gefangen, ließ ihn sechs bis sieben ganzer Monate hinsetzen, und forderte dann, ohne die mindeste Ursache, Gold und Smaragden von ihm. Besagter König, welcher *Bogotá* hieß, sagte in der Angst, er wolle ihnen ein ganzes Haus voll Gold geben, und hoffte, sich hierdurch aus den Händen seiner Henker zu befreien. Er schickte auch wirklich Indianer fort, die ihm Gold holen mußten; und sie brachten zu wiederholtenmalen eine Menge Goldes und Edelsteine. Da er aber kein Haus voll Gold herbeischaffen konnte, so sagten die Spanier, man müsse ihn umbringen, denn er habe sein Wort nicht gehalten. Der Tyrann befahl, man solle ihn zu ihm führen, damit er ihn verhören könne. Man stellte ihm demnach den König des Landes vor, und verklagte ihn förmlich. Der Tyrann aber fällte das Urteil über ihn, und verdammte ihn zur Folter, wofern er nicht ein Haus voll Gold herbeischaffe. Hierauf gaben sie ihm die Wippe, gossen ihm siedendes Talg auf den Leib, legten ihm an jeden Fuß eine Kette, die an einen Pfahl befestigt war, und schlossen ihn mit dem Halseisen ebenfalls an einen besondern Pfahl; zwei Menschen mußten ihm die Hände halten, und an die Fußsohlen ward ihm Feuer gelegt. Von Zeit zu Zeit trat der Tyrann hinzu, und sagte, man solle ihn vermittelst dieser Qualen nach und nach ums Leben bringen, wofern er das versprochene Gold nicht herbeischaffe. Und so mordete man besagten König, und richtete ihn durch diese Martern hin. Während derselben zeigte Gott aber deutlich, daß ihm dergleichen Grausamkeiten ein Greuel sind; denn der ganze Ort, wo sie verübt wurden, ging im Feuer auf.

Die andern Spanier suchten es ihrem vortrefflichen Anführer nachzumachen; und da sie weiter nichts gelernt hatten, als diese Leute zu zerfleischen, so taten sie das nämliche, und jeder von ihnen marterte den Caziquen des Ortes oder der Örter, die ihnen empfohlen waren, auf die grausamste Weise. Gleichwohl hatten ihnen diese Herren nebst ihren Untertanen die größten Dienste geleistet, und so viel Gold und Smaragden gegeben, als sie nur konnten und hatten. Sie peinigten sie also bloß darum, daß sie ihnen noch mehr Gold und Edelsteine geben sollten. Und so verbrannten und zerfleischten sie alle Großen des Landes.

Aus Furcht vor den unmenschlichen Grausamkeiten, die besonders gewisse Tyrannen in Indien begingen, flüchtete sich ein großer Herr, der *Daytama* hieß, nebst vielen seiner Leute ins Gebirge; denn dies ist ihre gewöhnliche Zuflucht, wofern sie anders was nützte. Dies pflegen die Spanier Empörung und Aufruhr zu nennen. Als der tyrannische Oberbefehlshaber es erfuhr, sendete er dem Wütrich, vor dessen unmenschlichem Verfahren die friedlichen Indianer sich flüchteten, eine Verstärkung an Volk. Da es ihnen nun nichts half, wenn sie sich gleich ins Innere der Erde verborgen hätten, so fanden die Spanier ihrer viel, und ließen mehr als fünfhundert Menschen, sowohl Männer als auch Weiber und Kinder, über die Klinge springen; denn sie pflegten weder Alter noch Geschlecht zu verschonen. Auch sagen die Zeugen, der Cazique Daytama sei in eigener Person zu jenem grausamen Menschen gekommen, und habe ihm vier bis fünf tausend Castilianer gebracht. Nichts desto weniger ließ der andere ihn umbringen, und richtete oben erwähntes Blutbad an.

Einst kam eine große Menge Indianer, und bot den Spaniern ihre Dienste an; da sich nun diese von ihnen bedienen ließen, so glaubten die guten Leute in Einfalt und Demut des Herzens, sie wären vollkommen sicher. Plötzlich aber kam des Nachts der Befehlshaber in ihren Ort, und ließ sie sämtlich, während sie schliefen oder speisten und sich von den Mühseligkeiten des Tages erholten, zusammenhauen. Dies tat er bloß aus dem Grunde, die übrigen Bewohner des Landes durch dieses Blutbad in Schrecken zu setzen.

Ein andermal ließ der Befehlshaber seine sämtlichen Spanier schwören, daß sie alle Caziquen und sowohl vornehme als geringe Leute, die jeder von ihnen in seinen Diensten hätte, auf einen öffentlichen Platz bringen wollten. Hier ließ er sie samt und sonders enthaupten, so daß bei dieser Gelegenheit vier- bis fünfhundert Menschen ums Leben kamen. Die Zeugen sagen, er habe das Land hierdurch zu beruhigen gesucht.

Von einem gewissen Tyrannen insbesondere sagen die Zeugen, er habe viele Leute ermordet, Männern und Weibern die Nasen und Lefzen abschneiden lassen, noch außerdem die größten Grausamkeiten verübt, und überhaupt eine große Menge Volks vertilgt.[52]

Ein andermal schickte der Befehlshaber den erwähnten Wütrich nebst einigen Spaniern ins Land des Bogotá, und ließ Nachfrage anstellen, wer diese Provinz seit der Zeit, wo sie den Oberherrn derselben zu Tode marterten, beherrsche. Er zog hierauf viele Meilen weit im Lande umher, und ließ alle Indianer auffangen, die er erwischen konnte. Da sie ihm nun nicht sagten, wer der Nachfolger im Reiche sei, ließ er einigen die Hände abhauen, andere aber, sowohl Manns- als Weibspersonen den Hunden vorwerfen, die sie zerrissen. Auf diese Art brachte er eine Menge Indianer und Indianerinnen ums Leben. Um die vierte Stunde gegen Morgen, überfiel er einst verschiedene Caziquen nebst ihren Untertanen, die friedlich und in der tiefsten Ruhe lebten. Vorher hatte er ihnen versprochen und sie heilig versichert, es solle ihnen nicht das mindeste zu leide getan werden. Sie trauten diesem Versprechen, kamen aus dem Gebirge, wo sie sich verborgen hatten, wieder aufs flache Land herab, und kehrten in ihre Wohnörter zurück. Da sie nun ganz sorglos lebten und sich auf sein gegebenes Wort verließen, ließ er eine Menge Menschen, sowohl männlichen als weiblichen Geschlechts, gefangen nehmen, befahl ihnen, die eine Hand ausgestreckt auf die Erde zu legen, hieb ihnen dieselbe in eigener Person mit einem Säbel ab, und sagte: er verurteile sie deswegen zu dieser Strafe, weil sie durchaus nicht sagen wollten, wo sich ihr neuer Landesherr befinde.

Ein andermal verlangte dieser unbarmherzige Befehlshaber einen Kasten voll Gold von den Indianern, den sie aber nicht herbei schafften. Da gebot er, sie feindselig zu behandeln, und umzubringen. Unzähligen, sowohl Männern als Weibern, wurden die Hände abgehauen, und die Nasen abgeschnitten, andere aber den Hunden vorgeworfen, die sie zerrissen und fraßen.

Ein andermal sahen die Indianer einer zu diesem Reiche gehörigen Provinz, daß die Spanier drei bis vier ihrer vornehmsten Herren verbrannten. Aus Furcht flüchteten sie sich auf einen befestigten Felsen, des Vorhabens, sich gegen Feinde zu wehren, die gar nicht wußten, was Menschengefühl war. Nach Aussage der Zeugen, mochten sich ungefähr vier- bis fünftausend Indianer auf diesem Felsen befinden. Der erwähnte Befehlshaber schickte hierauf einen der größten und ärgsten Wütriche ab, der alle diejenigen, welche in diesen Gegenden ungestraft morden durften, an Grausamkeit übertraf.[53] Dieser sollte nebst der Mannschaft, welche er bei sich hatte, die indianischen Aufrührer, wie es ihm sie zu nennen beliebte, züchtigen, weil sie dem Tode und Verderben zu entrinnen suchten. Nicht anders, als hätten sie sich hierdurch eines Verbrechens schuldig gemacht, welches die Spanier von Amts und Berufs wegen ahnden und bestrafen müßten: sie, welche die ärgsten Martern ohne alle Gnade und Barmherzigkeit verdienten, da sie selbst weder Mitleid noch Erbarmen mit diesen Unschuldigen haben! Als die Spanier an besagten Felsen kamen, bemächtigten sie sich dessen mit Gewalt; denn die Indianer waren nackt und größtenteils unbewaffnet. Erst riefen die Spanier den friedlichen Indianern zu, sie sollten sich beruhigen, denn es werde ihnen nichts zu leide geschehen, wofern sie sich nicht ins Gefecht mischten. Sogleich hörte der Kampf auf. Allein der Wütrich befahl seinen Spaniern, sie sollten sich der befestigten Plätze auf dem Felsen bemächtigen, und sobald dies geschehen sei, über die Indianer herfallen. Darauf wüteten sie unter diesen geduldigen Schafen wie Tiger und Löwen, zerfleischten sie, und hieben ihrer so viel in Stücken, daß sie sogar vom Würgen ermüden und ablassen mußten. Als sie ein wenig ausgeruhet hatten, gebot der Befehlshaber, man solle alle diejenigen, die noch übrig waren, von diesem sehr hohen und steilen Felsen herabstürzen. Die Spanier stürzten sie demnach sämtlich herab, und die Zeugen sagen, man habe siebenhundert Menschen auf einmal und zu gleicher Zeit wie eine Wolke vom Felsen herabfallen sehen, die insgesamt zerschmettert wurden.

Der nämliche Barbar kam einst in einen gewissen Ort, der *Cota* genannt wurde. Hier nahm er eine Menge Indianer gefangen, ließ funfzehn oder zwanzig ihrer vornehmsten Herren von Hunden zerreißen, Männern und Weibern die Hände abhauen, sie an eine Schnur binden, und nach der Reihe an eine hohe Stange hängen, damit die andern Indianer sehen sollten, wie man mit diesen umgegangen sei. So hingen über siebenzig Paar Hände da. Auch ließ er Weibern und Kindern die Nasen abschneiden.

Kein Mensch ist im Stande, alle die Schandtaten und Grausamkeiten zu erzählen, die von diesem Gottesfeinde begangen wurden. Sie sind unzählig, und vor ihm hatte niemand, weder hier zu Lande, noch in der Provinz Guatemala, noch in irgend einer andern Gegend wo er hinkam, dergleichen gehört oder gesehen; denn er zieht bereits seit mehrern Jahren in diesen Ländern umher, sengt und brennt überall, und rottet die Einwohner aus.

Die Zeugen sagen ferner in erwähnter Klagschrift: die Befehlshaber hätten in diesem neuen Königreiche Granada eine so ungeheure Menge Grausamkeiten und Mordtaten entweder persönlich verübt, oder doch durch die Würgengel, welche sie bei sich hatten, verüben lassen, und setzten dieselben noch gegenwärtig auf eine so schreckliche Weise fort, daß dies ganze Land dadurch zerstört und zu Grunde gerichtet werde. Die meisten Indianer würden bloß deswegen umgebracht, weil man nach ihrem Golde trachte, und sie keines mehr geben könnten, da sie bereits alles was sie besessen, hergegeben hätten. Wenn demnach Se. Majestät dieser Landplage nicht in Zeiten Einhalt täten und derselben abzuhelfen suchten, so möchte es in kurzem so weit kommen, daß gar keine Indianer mehr vorhanden sein würden, das Land zu bauen, dergestalt, daß solches forthin ganz öde und wüste liegen werde usw.

An den Grenzen dieses neuen Königreichs Granada gibt es mehrere große Provinzen, namentlich *Popayán* und *Cali*, nebst noch drei andern, die sich auf vierhundert Meilen weit erstrecken. Sie alle wurden auf obenbeschriebene Weise verwüstet und zerstört, indem man ihre unzähligen Bewohner plünderte, marterte und hinrichtete. Es war ein herrlicher, fruchtbarer, ungemein stark bevölkerter Strich Landes; auch sagen alle diejenigen, welche von dorther kommen, es sei ein Jammer und Elend, so viele und so große Ortschaften, wie sie auf ihrem Wege antrafen, ganz verbrannt und zerstört zu sehen. Flecken, die ehedem ihre tausend oder zweitausend Einwohner hatten, enthalten jetzt deren kaum funfzig; andere aber sind gänzlich verwüstet und menschenleer. Sie reiseten bisweilen hundert auch wohl zwei bis dreihundert Meilen weit, und fanden alles öde, verbrannt, und die ansehnlichsten Ortschaften in Schutt.

Endlich kamen noch mehr grausame Wütriche aus dem Königreiche Peru, zogen durch die Provinz *Quito*, und drangen in der Gegend von Cartagena und Urabá in das Königreich Granada, Popayán und Cali. Andere verruchte Tyrannen marschierten von Cartagena nach Quito, und noch andere in die Gegend am Flusse San Juan, nach der südlichen Seeküste zu. Sie alle vereinigten sich nach und nach, verheerten und entvölkerten über sechshundert Meilen Landes, und schickten unsäglich viele Seelen in die Hölle. Das nämliche tun sie noch bis auf den heutigen Tag unter den unschuldigen und unglücklichen Völkern, wo sie sich befinden.

Die Regel, welche ich gleich zu Anfange festsetzte, bleibt demnach unumstößlich wahr, daß nämlich die Spanier immer boshafter, grausamer und unmenschlicher mit diesen sanften Schafen umgehen würden. Was noch gegenwärtig in jenen

Provinzen geschiehet, und mit Feuer und Schwert bestraft zu werden verdient, ist ungefähr folgendes:

Wenn ihre blutigen und mörderischen Kriege zu Ende sind, so stürzen sie die Leute in jene abscheuliche Knechtschaft, von welcher ich oben sprach. Dann werden dem einem Teufel in Menschengestalt zweihundert, einem andern dreihundert Indianer empfohlen. Nun sagt der Obriste der Teufel: Schickt mir hundert Indianer her! Sogleich kommen sie wie geduldige Schafe herbei. Wenn sie alle beisammen sind, läßt er dreißig oder vierzig von ihnen die Köpfe abschlagen, und sagt zu den andern: so werde ichs auch mit euch machen, wofern ihr mich nicht gut bedient, oder euch ohne meine Erlaubnis entfernt.

Möchten doch alle diejenigen, welche dies lesen, um Gottes willen bedenken, was dies für Handlungen sind! ob sie nicht alle nur erdenklichen Grausamkeiten und Ungerechtigkeiten übertreffen! ob man nicht Christen von der Art mit allem Recht Teufel nennen kann! ob es nicht eben so gut sei, die Indianer dem höllischen Teufel selbst zu empfehlen, als sie den Christen anzuvertrauen, die sich in Indien befinden!

Noch muß ich einer andern abscheulichen Tat erwähnen; ich laß es aber unentschieden, welche von beiden grausamer, viehischer, satanischer sei: ob diese, oder die vorerwähnte. Ich sagte bereits, daß die in Indien befindlichen Spanier blutgierige wilde Hunde halten, die darauf abgerichtet sind, die Indianer zu erwürgen und in Stücken zu zerreißen. Nun sage einmal einer, er sei Christ oder nicht, ob er je in der ganzen Welt etwas Ähnliches gehört habe? Zur Verpflegung dieser Hunde, führen sie auf ihren Märschen eine Menge Indianer bei sich, die in Ketten gehen und wie eine Herde Schweine einhergetrieben werden. Man schlachtet dieselben, und bietet Menschenfleisch öffentlich feil. Dann sagt einer zum andern: Borge mir doch einmal ein Vierteil von einem dieser Schurken (*Bellacos*). Ich werde nächster Tage auch einen schlachten; dann gebe ich dir's wieder. Nicht anders, als wenn sie einander ein Vierteil von einem Schwein oder Schöpse liehen! – Andere gehen des Morgens mit ihren Hunden auf die Jagd; wenn sie dann um Tischzeit zurück kommen, und man fragt sie: wie ging's? so geben sie zur Antwort: Recht gut! Meine Hunde haben wohl funfzehn bis zwanzig *Bellacos* tot auf dem Platze gelassen! – Diese und andere teuflische Handlungen sind sogar gerichtlich und durch Prozesse erwiesen, welche diese Tyrannen mit einander führten. Läßt sich wohl etwas grausameres, abscheulicheres und unmenschlicheres denken?

Hiermit will ich nun schließen, bis etwa Nachrichten von noch abscheulichern Bosheiten und Missetaten einlaufen, wofern anders dergleichen begangen werden können; oder bis wir wieder nach jenen Ländern zurückkehren, und von neuem dergleichen sehen, wie wir bereits ganzer zwei und zwanzig Jahre unaufhörlich mit angesehen haben. Ich beteure zugleich vor Gott und meinem Gewissen, daß ich, wie ich nach meiner Überzeugung fest glaube, kaum den zehntausendsten Teil, so umständlich ich auch davon schrieb, von allen den Verwüstungen, Landschäden, Mordtaten, Gewalttätigkeiten und andern Greueln und Abscheulichkeiten angeführt und beschrieben habe, die in allen diesen Ländern verübt wurden, und noch heutiges Tages in ganz Indien verübt werden.

Damit nun ein jeglicher Christ desto mehr Mitleid mit diesen schuldlosen Völkerschaften empfinden, ihr Verderben und ihren Untergang desto mehr betrauren, hingegen den Übermut, die Habsucht und Grausamkeit der Spanier desto herzlicher verabscheuen möge; so nehme man die von mir verbürgte Wahrheit ein für allemal als ausgemacht an, daß nie ein Indianer, seit der Entdeckung Indiens bis auf den heutigen Tag, auch nur einem einzigen Christen, auf welche Art es auch immer sein möge, das geringste zuwider tat, wofern sie nicht vorher durch die Treulosigkeit, Bosheit und Raubgierde derselben dazu gereizt wurden. Sie betrachteten die Spanier vielmehr als Unsterbliche, die vom Himmel kämen, und behandelten sie so lange als solche, bis ihre Werke zu erkennen gaben, wer sie waren und was sie eigentlich wollten.

Noch muß ich folgendes hier anmerken: daß nämlich die Spanier von Anfang an bis auf den heutigen Tag sich eben so wenig darum bekümmerten, diesen Völkern den Glauben an Jesum Christum verkündigen zu lassen, als wenn sie Hunde oder andere unvernünftige Tiere wären. Sie suchten vielmehr die Geistlichen recht vorsätzlich im Bekehrungswerke zu hindern, und fügten ihnen deswegen viele Leiden und Drangsale zu; denn sie befürchteten, es möchten ihnen Hindernisse dadurch in den Weg gelegt werden, so viel Gold und Schätze zusammen zu häufen, als ihre Habsucht sie hoffen ließ. In ganz Indien weiß man noch bis auf den heutigen Tag eben so wenig, wie vor hundert Jahren, ob Gott ein himmlisches Wesen, oder von Holz, oder von Erde sei. Neu-Spanien, woselbst sich Ordensgeistliche befanden, nehme ich allein hiervon aus; doch ist dasselbe nur als ein kleiner unbedeutender Winkel zu betrachten, wenn man es mit ganz Indien vergleicht. Aber alle übrigen Indianer starben ohne Glauben und Sakramente dahin.

Ich, Fray Bartolomé de Las Casas, ward durch Gottes Barmherzigkeit bewogen, mich an den Spanischen Hof zu verfügen, und daran zu arbeiten, daß das Höllenheer aus Indien verjagt würde, damit jene unzählbaren Seelen, die Jesus Christus mit seinem Blute erlösete, nicht rettungslos und auf ewig verloren gehen, sondern vielmehr ihren Schöpfer erkennen, und selig werden möchten. Auch bewog mich Liebe gegen mein Vaterland Castilien hierzu, damit Gott dasselbe um der entsetzlichen Sünden willen, welche gegen seine Religion, seine Ehre, und den Nächsten begangen wurden, nicht ins Verderben stürzte. Ferner munterten mich einige an diesem Hofe befindliche angesehene Personen dazu auf, die für die Ehre Gottes eifern und vom Unglück und Elend anderer gerührt werden. Außerdem war es schon längst mein eigener

Vorsatz, den ich aber immer, meiner anhaltenden Beschäftigungen wegen, nicht ausführen konnte. Endlich geschah es zu Valencia am achten Dezember im Jahre eintausend fünfhundert zwei und vierzig, daß ich diese Schrift vollendet habe, zu einer Zeit, wo die Gewalttätigkeiten, Drangsale, Tyranneien, Mordtaten, Räubereien und Verwüstungen, Not, Elend und alle vorerwähnte Greuel, in allen Gegenden Indiens, wo nur Christen hinkamen, aufs höchste gestiegen waren. Man ging jedoch in der einen Gegend immer grausamer und abscheulicher zu Werke, als in der andern. Mexico nebst der umliegenden Gegend, ist ein wenig besser daran; zum mindesten treibt man es dort nicht so öffentlich; denn hier, und sonst nirgends in ganz Indien, ist einige, wiewohl sehr geringfügige, Gerechtigkeitspflege; übrigens werden doch die Einwohner, durch den höllischen Tribut, den sie entrichten müssen, ebenfalls ganz ausgesogen. Ich hege die größte Hoffnung, der Kaiser und König von Spanien, Don Carlos der Fünfte dieses Namens, werde hierdurch erfahren, wie boshaft und pflichtvergessen mit seinen Untertanen und Ländern, gegen Gottes und Sr. Majestät Willen verfahren worden ist, und noch verfahren wird, und sodann – da man ihm nunmehr die Wahrheit nicht länger, wie zeither, geflissentlich verhehlen kann – ernstlich darauf bedacht sein, jenen Übeln abzuhelfen, und dieser neuen Welt, welche Gott ihm als einem Verehrer und Beförderer der Gerechtigkeit anvertrauete, Hülfe und Beistand zu leisten. Gott wolle sein glorreiches Leben und seine Kaiserliche Regierung zum Trost der allgemeinen Kirche, und zum Heil seiner Königl. Seele, bis auf die spätesten Zeiten beglücken! Amen.

Nachdem ich vorstehendes bereits geschrieben hatte, wurden verschiedene Gesetze und Verordnungen bekannt gemacht, die Se. Majestät im Monat November des Jahres eintausend fünfhundert zwei und vierzig in der Stadt Barcelona gaben, und das Jahr darauf in der Stadt Madrid erneuerten. Vermöge derselben ward eine gewisse Einrichtung getroffen, nach welcher von nun an verfahren werden solle, damit den Ruchlosigkeiten abgeholfen würde, die gegen den Nächsten verübt wurden und auf das gänzliche Verderben jenes Weltteils abzweckten. Se. Majestät ließen besagte Gesetze von vielen angesehenen, gelehrten und gewissenhaften Personen verfertigen, die deswegen in der Stadt Valladolid öffentliche Zusammenkünfte und Disputationen hielten. Diese kamen endlich alle darin überein, ihre Meinung schriftlich von sich zu geben, und näherten sich hierin, so viel sie nur immer konnten, den Geboten Jesu Christi, als wahrhafte Christen, die ihre Hände nicht mit den geraubten Schätzen Indiens befleckt, noch besudelt hatten. Denn hierdurch waren die Hände und Seelen gar vieler verunreinigt, die damals in Indien regierten. Davon rührte auch ihre Verblendung her, vermöge welcher sie es ohne das mindeste Bedenken zu Grunde richten ließen. Als diese Gesetze publiziert worden waren, ließen die bei Hofe befindlichen Beschützer jener Tyrannen häufige Abschriften davon verfertigen, und schickten sie in mehrere Gegenden von Indien; denn es verdroß sie allerseits nicht wenig, daß ihnen der Weg versperrt werden sollte, zu ihrem Anteil von jenem geraubten Gute zu gelangen. Diejenigen, welche Vollmacht hatten, jene Gegenden zu plündern, auszusaugen, und vermöge ihres tyrannischen Verfahrens zu Grunde zu richten, pflegten nie auf Ordnung zu halten, sondern trieben vielmehr alles so unordentlich durch einander, daß Luzifer selbst es nicht ärger hätte machen können. Da sie nun die Abschriften jener Gesetze weit früher zu Gesicht bekamen, als die Richter, welche sie vollstrecken sollten, und hiernächst – wie man glaubhaft versichert – von denjenigen, welche sie bis dahin in ihren Sünden und Gewalttätigkeiten unterstützt hatten, förmlich aufgehetzt wurden; so fingen sie solche Meutereien an, daß sie sogar, als die neuen Richter dort ankamen, und die Gesetze vollstrecken wollten, sich um so weniger entblödeten, alle Furcht und allen Gehorsam gegen ihren König bei Seite zu setzen, da sie bereits alle Furcht und Liebe Gottes verloren hatten. Sie scheuten sich also nicht, in den Ruf als Landesverräter zu kommen, da sie ohnehin die schamlosesten und greulichsten Wütriche waren. Dies gilt besonders vom Königreiche Peru, wo noch jetzt, im Jahr eintausend fünfhundert sechs und vierzig, so greuliche, entsetzliche und abscheuliche Ruchlosigkeiten begangen werden, dergleichen noch nie, weder in Indien noch in der ganzen Welt begangen wurden. Sie verüben dieselben nicht etwa bloß gegen die Indianer (denn die meisten derselben sind bereits tot;) auch nicht in diesen Gegenden, (denn diese sind größtenteils menschenleer) sondern unter sich selbst, und zwar durch Gottes Gericht; denn da sie der Gerechtigkeit des Königs sich zu entziehen suchten, so kam die Rache vom Himmel, und schickte es so, daß einer des andern Henker ward.[54] Als nämlich die übrigen in andern Provinzen wahrnahmen, daß diese sich empörten, so gehorchten auch sie den Gesetzen nicht mehr, gaben vor, sie würden Vorstellungen dagegen machen, und rebellierten folglich so gut wie die andern; denn es tat ihnen weh, das ungerechte Gut, welches sie an sich gerissen, wieder heraus zu geben, und die Indianer, welche sie zur ewigen Knechtschaft verdammt hatten, wieder in Freiheit zu setzen. Da sie dieselben fernerhin nicht mehr durch das Schwert umbringen durften, so richteten sie dieselben nach und nach durch unerträgliche Drangsale und persönliche Plackereien hin. Selbst der König ist nicht mächtig genug, diesem Unwesen Einhalt zu tun; denn die Großen und Kleinen fahren noch immer mit Plündern fort; diese mehr, jene weniger; einige öffentlich und ohne Hehl, andere insgeheim und verstohlner Weise. Unter dem Vorwande, dem Könige zu dienen, entehren sie Gott, und berauben den König.

1. Indien – *Las Indias* – nannten die spanischen Entdecker die Inseln in der Karibischen See und die Küsten Mittel- und Südamerikas; sie waren bekanntlich überzeugt davon, den westlichen Seeweg nach Indien gefunden zu haben. Der Name Westindien zeugt heute noch von diesem Irrtum. Den Titel des *Kurzgefaßten Berichts* haben wir dem entsprechend übersetzt.
2. Hispaniola – Klein-Spanien – oder Haiti ist der geographische Name der karibischen Insel, welche die Dominikanische und die Republik Haiti umfaßt.
3. Hamacas: Matten aus Schnüren, mit Blättern ausgelegt. Das englische Wort *hammock*, Hängematte, ist indianischen Ursprungs.
4. San Juan ist der alte Name der Insel Puerto Rico, deren Hauptstadt heute noch so heißt.
5. Mit den Lucayischen Eilanden und den Rieseninseln sind die Bahamas gemeint.
6. Es handelt sich um den Kauffahrer Pedro de Ysla. Sein Name ist durch eine andere Schrift von Las Casas überliefert.
7. Eine spanische *legua* – hier und künftig übersetzt mit dem Wort Meile – macht 5,5 km aus.
8. »Kommet die Männer zu sehen, die vom Himmel zu uns herabgestiegen sind, und bringt ihnen Speise und Trank.« Mit diesen Worten begrüßten die Bewohner der Antillen, dem Schiffstagebuch des Columbus zufolge, die ersten Spanier. Auch die Maya und die Azteken hielten die Europäer, ihres hohen Wuchses, ihrer hellen Hautfarbe und ihrer Bärte halber, für überirdischer Herkunft.
9. Spanisch *alguacil* = Gerichtsdiener, Büttel.
10. In den Westindischen Ländern gab es zur Zeit der Eroberung weder Pferde noch Hunde. Die Spanier verbreiteten mit ihren Tieren den größten Schrecken. Sie machten sich das Entsetzen der Indianer vor diesen Ungeheuern psychologisch und militärisch zunutze.
11. Der *Castilianer*, genauer gesagt: die kastilianische Krone, war, streng genommen, keine Münzeinheit, da es zur Zeit der Eroberung in Westindien keine Prägestätten gab. Den Conquistadoren

ersetzte Gold das Geld. 4,5 Gramm Feingold waren ein *Castilianer*.

12. Der »alte Admiral« ist Columbus. Unabhängig von Las Casas ist die hier geschilderte Episode durch die *Historia* von Fernando Columbus bezeugt.

13. »Ihr Gedächtnis«, sagt Las Casas über die Anführer der Conquista, »ist nunmehr von der Oberfläche der Erde vertilgt, als hätten sie nie unter die Zahl der Lebendigen gehört.« Folgerichtig übergeht er ihre Namen mit einem Schweigen, das gesonnen ist, sie aus der menschlichen Geschichte zu streichen. Mit diesem noblen Versuch ist Las Casas gescheitert. Das ist nicht verwunderlich; denn ohne die Namen der Verbrecher kann Geschichte nicht geschrieben werden. Deshalb führen wir hier und im Folgenden für jeden, der sie wissen will, die Namen der Schuldigen an. Sie sind unseres Andenkens ebenso wert und unwert wie die von Heinrich Himmler und Adolf Eichmann.

    Der hier erwähnte Gouverneur von Hispaniola hieß Nicolas de Ovando.

14. »Der Verfasser beschrieb das Schicksal jener Unglücklichen noch umständlicher in dem bereits angeführten Tractate Razon XI. Die Weibesleute, sagt er, müssen die Erde aufhäufeln, um Brotwurzeln zu pflanzen. Zu dem Ende müssen sie Gruben machen, die vier Palmen tief sind, und zwölf Fuß ins Gevierte haben. Riesen würden diese Arbeit kaum bestreiten können; denn statt der Hacken und Grabscheite müssen sie dieselbe mit hölzernen Pfählen verrichten. Die Männer werden in die Bergwerke gesteckt, um Gold auszugraben. Hierzu gehören in der Tat Menschen von Stahl und Eisen. Wohl tausendfältig müssen sie die Gebirge von oben bis unten, und von unten bis oben durchwühlen, und die Felsen durchbrechen. Wenn dann das Gold gewaschen wird, müssen sie tagelang gebückt im Wasser stehen, daß ihr Körper darüber krumm und lahm werden möchte. Dringt Wasser in die Gruben, so haben sie keine andere Hilfsmittel es herauszuschaffen, als ihre Arme. Anfänglich durften sie sich das ganze Jahr hindurch nicht aus den Minen entfernen; nachmals aber, als man bemerkte, daß ihrer zu viel darüber starben, ward die Einrichtung getroffen, daß sie fünf Monate darin arbeiten, und sodann vierzig Tage, während

welcher das Gold geschmolzen wurde, ihr Feld bestellen müssen. Das ganze Jahr hindurch wissen sie nicht was Feiertag ist, sondern ihre Arbeiten gehen unaufhörlich fort. Hierbei bekommen sie nicht einmal satt zu essen. Ihre Nahrung besteht bloß in Cazabi-Brot, und einer Art Wurzeln, die Ajes genannt werden, und den Rüben nicht unähnlich sind. Zwar lassen einige Spanier, die für freigebig angesehen sein wollen, wöchentlich ein Schwein für funfzig Indianer schlachten; hiervon behält aber der Aufseher über die Minen wenigstens zwei Viertel für sich, und dann erst werden die andern zwei Viertel unter die Indianer verteilt. Mithin bekommt jeder ungefähr ein Stückchen Fleisch von der Größe wie das geweihte Brot, welches sonntags in der Kirche ausgeteilt wird. Ich habe Leute gekannt, die so geizig waren, daß sie den Indianern gar nichts zu essen gaben, sondern sie allemal über den andern Tag auf Berg und Feld zur Weide trieben, wo sie ihre Nahrung auf Bäumen und Gesträuch suchen mußten. Außer demjenigen, was sie im Magen nach Hause trugen, hatten sie in der Zwischenzeit keinen Bissen zu ihrer Nahrung. Auf diese Art brachten die Spanier bisweilen eine Arbeit zustande, die fünf- bis sechshundert Castilianer wert war, und ihnen keinen Kreuzer kostete.« (*Anmerkung des Übersetzers.*)

15. Eine *arroba* = 11,33 kg.
16. Dieser Befehlshaber war ein gewisser Pánfilio de Narváez.
17. Der Mann hieß Roderige Albuquerque.
18. Dieser Gouverneur von Darien, der, nach einer Schätzung Oviedas, zwei Millionen Indianer auf dem Gewissen hat, war ein Mann namens Pedro Arias d'Avila.
19. Darien nannten die Spanier das Grenzgebiet zwischen den heutigen Republiken Panamá und Colombia.
20. Neu-Spanien ist das heutige México.
21. Die Hauptverantwortlichen für das Massaker von México sind der Gouverneur von Cuba, Diego de Velásquez, und sein Sekretär Hernán Cortéz.
22. Es handelte sich um eine jener Abrechnungen, die zwischen Gangstern üblich sind. Diego de Velásquez versuchte Cortéz zur Strecke zu bringen. Er bediente sich dabei des bereits erwähnten Pánfilio de Narváez. Cortéz behielt die Oberhand.

23. Panuco ist das heutige Tampico; Colima heißt ein mexikanischer Bundesstaat an der pazifischen Küste. Die übrigen Namen sind vermutlich zu lesen als Tututepec und Chilpancingo. Die zuständigen Gangster: Francisco de Garay, Gouverneur von Jamaica, und der Hauptmann Gonzales de Sandoval.
24. Die Verantwortlichen waren Pedro de Alvarado, der sich bereits bei der Ermordung der Azteken Verdienste erworben hatte, und Cristóbal de Olid.
25. Utitlan, die alte Hauptstadt der Quiché, lag an der heutigen Grenze zwischen México und Guatemala.
26. Diese Stadt heißt heute Antigua.
27. Pedro de Alvarado wurde von seinem eigenen Pferd erdrückt, Cristóbal de Olid von seinen Kumpanen ermordet.
28. Der Gauleiter, der hier gemeint ist, ein gewisser Francisco de Garay, ist uns bereits bekannt.
29. Die *Audiencia Real*, eine örtliche Dienststelle des Königlich Indischen Rates zu Madrid, war in den amerikanischen Kolonien die höchste spanische Verwaltungs- und Aufsichtsbehörde.
30. Es handelt sich um den heutigen Bundesstaat Michoacán, der südwestlich von México City liegt.
31. Der Täter war der erste Gouverneur von Panuco, Nuno de Guzman.
32. Xalisco heißt heute Jalisco und ist einer der Vereinigten Staaten von México.
33. Dieser Gouverneur war ein gewisser Francisco Montejo, der sich vor allem dadurch einen Namen gemacht hat, daß er seine Hunde mit den Kindern der Indianer fütterte.
34. Francisco Montejo.
35. Provinz im äußersten Nordosten Columbiens.
36. Die Schuldigen: Alfonso de Ojeda, Pedro de Villafuerte, Juan de Ampues, Gonzales Ximenes de Quesada und Garcia de Lerma.
37. Paria ist eine Halbinsel im Nordosten Venezuelas. Der Golf von Venezuela heißt heute Lago de Maracaibo. Perlenküste ist der alte Name des Strandes zwischen Caracas und der Paria-Halbinsel.
38. Diese Stadt heißt heute, nach dem entführten Fürsten, Higüerote.
39. Perleninsel: Isla de Margarita.
40. Der Yuya Pari ist identisch mit dem Orinoco. Der erwähnte

Conquistador, Diego de Ortaz, wurde von einem seiner Komplizen vergiftet.

41. Das Augsburger Bankhaus der Welser hatte im Jahre 1519 die Wahl finanziert, aus der Karl V. als Kaiser hervorging. Auch für die überseeischen Unternehmungen der spanischen Krone streckten die Welser das nötige Kapital vor. Als Gegenleistung überantwortete Karl V. dem Bartholomäus Welser 1526 »feierlich, urkundlich und auf ewige Zeiten« die Provinz Venezuela zur beliebigen Ausbeutung. Diese Schenkung wurde bereits 1545, vermutlich unter dem Einfluß des vorliegenden Berichtes, wieder aufgehoben.

Welser entsandte vier Generalvertreter nach Venezuela. Dreihundert spanische Söldner wurden für die Expedition angeworben. Ihr Befehlshaber war ein gewisser Ambrosius Dalfinger aus Ulm. Beigeordnet waren ihm die Herren Heinrich Dalfinger, ein Bruder des Vorgenannten, Hieronymus Sailer und Johann Aleman.

42. Gemeint ist ein sagenhafter Palast in Perú, der, einer weitverbreiteten Legende zufolge, aus purem Gold erbaut und von einem goldenen König, *el dorado*, bewohnt sein sollte. Der Ausdruck Eldorado schreibt sich daher. Der Palast wurde niemals aufgefunden.

43. Der Indische Rat, *Consejo de las Indias* oder *Concilium Indianum*, war die höchste Gerichtsinstanz für die amerikanischen Kolonien, mit Sitz in Madrid. Seine Zweigstellen in den einzelnen Besitzungen hießen *Audiencias Reales*.

44. Einer der Hauptschuldigen ist aus dem Bericht bereits bekannt, nämlich Pánfilio de Narváez. Die beiden anderen hießen Juan Ponce de León und Alvar Nunez Cabeza de Vaca.

45. Die Entdeckungsgeschichte ehrt den Namen dieses Gangsters bis auf den heutigen Tag. Er hieß Hernando de Soto.

46. Die Rede ist hier von einem gewissen Pedro de Mendoza.

47. Der Name des Schuldigen ist Francisco Pizarro. Seine Beihelfer waren Diego d'Almagro und Hernando de Soto.

48. Die Isla Puná liegt im Pazifik vor Guayaquil in Ecuador.

49. Es handelt sich um Tumbes, eine Stadt im Norden von Perú.

50. Atabaliba, nach heutiger Transskription Atahualpa, war der 13. König der Inka.

51. Die Kolonie Granada umfaßte das Innere des heutigen Staates Columbien, also im wesentlichen die Hochebene von Bogotá. Der verantwortliche Gauleiter ist uns bereits bekannt; er hieß Gonzales Ximenes de Quesada.

52. Bei diesem Diener der spanischen Krone handelt es sich um Sebastián de Balalcazar.

53. Las Casas spricht hier von dem bereits mehrfach erwähnten Pedro de Alvarado.

54. Die Abrechnungen der Conquistadoren untereinander gemahnen an die Ausscheidungskämpfe zwischen den Gangster-Chefs von Chicago in den zwanziger Jahren unseres Jahrhunderts. Viele von ihnen endeten ebenso wie Dion O'Banion, die Brüder Genna oder Lucky Luciano. Pizarro ließ seinen Komplizen Diego d'Almagro erdrosseln; drei Jahre später wurde er von dessen Anhängern liquidiert. Giftmorde, gegenseitige Denunziationen und Hinrichtungen, ja sogar regelrechte Feldzüge der Eroberer gegeneinander waren im spanischen Amerika an der Tagesordnung.

Hans Magnus Enzensberger
Las Casas
oder Ein Rückblick
in die Zukunft

I

Ob es wahr sei, was in diesem Buch steht, ob sein Autor es verdiene, daß wir ihm glauben, darüber schwelt, brennt, flammt seit vierhundert Jahren ein endloser Streit. Gelehrte haben ihn ausgetragen. Sie haben mit ihren Traktaten und Dissertationen, ihren Untersuchungen und Kommentaren ganze Bibliotheken gefüllt. Noch in unseren Tagen ist eine Generation von Spezialisten in Spanien, in Mexiko, in Südamerika und in den Vereinigten Staaten mit den vergilbten Drucken, Briefen und Manuskripten aus der Feder des Dominikanermönchs aus Sevilla beschäftigt. Doch ist der Streit um Las Casas keine akademische Frage. Was zur Verhandlung steht, das ist ein Völkermord, begangen an zwanzig Millionen Menschen.

Ein solcher Tatbestand verträgt sich schlecht mit der beschaulichen Distanz einer Geschichtsschreibung ohne Zorn und Vorliebe, und so nimmt es wenig wunder, daß die Zunftkollegen des Mönchs, die Theologen, Historiker und Juristen, in der Wahl ihrer Waffen alle Bedenklichkeit fahren ließen. Wo es an Argumenten fehlte, da griffen sie zu rostigen Messern. Sie sind, wir werden es sehen, heut noch im Gebrauch. Kaum war der *Kurzgefaßte Bericht* erschienen, da verfertigte der Hofhistoriograph Kaiser Karl des Fünften, der berühmte Dr. Juan Ginés de Sepúlveda, ein Pamphlet *Gegen die voreiligen, skandalösen und ketzerischen Behauptungen, die Fray Bartolomé de Las Casas in einem Buch über die Eroberung der Westindischen Länder aufgestellt hat, welches er ohne die Erlaubnis der Behörden drucken ließ*. Schon der Titel winkt mit den Zaunpfählen der Zensur und der Inquisition. Später ist Las Casas als Hochverräter und als Lutheraner bezeichnet worden. 1562 berichtet der Rat der Stadt México in einer Eingabe an den König, seine Schriften hätten einen derartigen Aufruhr erregt, daß man die Juristen und Gottesgelehrten der Stadt mit der Abfassung eines Gutachtens gegen diesen »unverschämten Frater und seine Lehren« habe beauftragen müssen: der König möge Las Casas öffentlich tadeln und seine Bücher verbieten. Wenig Jahre später schreibt der Vizekönig von Perú: »Die Bücher dieses fanatischen und boshaften Bischofs gefährden die spanische Herrschaft in Amerika.« Auch er verlangt ein königliches Verbot, auch er gibt eine Widerlegung in Auftrag: für die offiziellen Historiker wird der Kampf gegen Las Casas zu einem blühenden Geschäft. Der Gutachter, ein Mann namens Pedro Sarmiento de Gamboa, äußert sich folgendermaßen: »Der Teufel hat einen durchtriebenen Schachzug getan, indem er diesen verblendeten Mann der Kirche zu seinem Werkzeug machte.« Im Jahre 1659 urteilt der Zensor der Inquisitionsbehörde von Aragón: »Dieses Buch berichtet von sehr schrecklichen und grausamen Handlungen, wie sie in der Geschichte anderer Nationen nicht ihresgleichen haben, und schreibt sie den spanischen Soldaten und Kolonisten zu, die der katholische König entsandt hatte. Nach meiner Ansicht sind solche Berichte eine Beleidigung für Spanien. Sie müssen deshalb unterbunden werden.« Daraufhin ordnet das Heilige Tribunal in Zaragoza endlich im Jahr 1660 ein Verbot des Buches an. Aber immer wieder tauchen neue Ausgaben auf: 1748 läßt die Handelskammer von Sevilla eine lateinische Übersetzung beschlagnahmen, und noch 1784 verlangt der spanische Botschafter in Paris die Konfiskation eines Nachdrucks.

Seit dem siebzehnten Jahrhundert haben die Gegner des Las Casas eine noch elegantere Methode entwickelt, um sich seiner zu entledigen. Der Historiker Juán Meléndez, ein Dominikaner, erklärte damals schlicht, der *Kurzgefaßte Bericht* sei eine Fälschung. Er habe »angesehene Autoritäten« befragt und erfahren, daß diese Schrift von einem Franzosen verfaßt und mit gefälschtem Titel ins Spanische übersetzt worden sei. Zu verwundern sei das nicht: da die spanische Sprache bekanntlich als Verkünderin der Wahrheit den größten Ruhm genieße, sei den Fälschern kein anderer Weg übriggeblieben, um ihre Lügen auszustreuen. Noch im Jahre 1910 behauptete ein spanischer Historiker allen Ernstes, der *Kurzgefaßte Bericht* stamme nach menschlichem Ermessen nicht von Las Casas.

Den Ruf des Angeklagten hat dieser verblüffende Freispruch nicht sonderlich gebessert. Neuere Historiker spanischer Sprache haben ihn auf folgende Art und Weise charakterisiert: Er sei »ein Geisteskranker« (1927), »ein verbohrter Anarchist« (1933), »ein Prediger des Marxismus« (1937), »ein gemeingefährlicher Demagog« (1944), »ein vom Teufel besessener Gleichmacher« (1946) gewesen, »wahnhaft in seinen Vorstellungen, maßlos und inopportun in seiner Ausdrucksweise« (1947). Und der angesehenste spanische Geschichtsschreiber des zwanzigsten Jahrhunderts, Ramón Menédez Pidal, hat, im Alter von 93 Jahren, 1963 zu Madrid ein umfangreiches Buch publiziert, um den Geist des Las Casas ein für allemal auszutreiben. Der Amerikaner Lewis Hanke, der sein Leben dem Studium der Conquista gewidmet hat, bemerkt zu diesem Werk des Exorzismus: »Don Ramón bestreitet mit leidenschaftlichen Worten, daß Las Casas ein ehrenwerter Mann war. Er nennt ihn einen größenwahnsinnigen Paranoiker. Bei seinem Rückblick auf die Conquista nimmt Don Ramón, durch seine getönte Brille, kaum einen toten Indianer wahr: er erblickt statt dessen eine Szenerie des Wohlbehagens und des kulturellen Fortschritts, den Amerika den Spaniern danke.«

Nur der beispiellose Erfolg, der dem *Kurzgefaßten Bericht* zuteil geworden ist, macht diese zähe und wütende Polemik begreiflich. Las Casas hat viel geschrieben: großangelegte Chroniken, theologische und juristische Disputationen, Eingaben und Traktate. Bis heute gibt es keine vollständige Edition seiner Werke. Die wissenschaftlich bedeutendsten unter ihnen sind 1877 und 1909 zum erstenmal veröffentlicht worden. Ihre lange Verdunklung hat naheliegende Gründe. Der *Bericht* ist, seinem Titel getreu, nichts weiter als eine konzise Zusammenfassung von Forschungsergebnissen und Erfahrungen, die Las Casas an anderer Stelle im Detail ausbreitet. Er war einem einzigen Leser zugedacht: Seiner Katholischen Majestät, dem König Karl I. von Spanien, als Karl V. Kaiser des Heiligen Römischen Reiches Deutscher Nation; doch der Buchdruck, damals in seiner ersten Blütezeit, machte ganz Europa damit bekannt. Der Veröffentlichung des Originals, 1552 in Sevilla, folgten Übersetzungen in alle Weltsprachen der damaligen Zeit: Paris 1579, London 1583, Amsterdam 1607, Venedig 1630 waren die ersten Druckorte, gefolgt von Barcelona, Brüssel, Lyon, Frankfurt, später von Philadelphia, New York, Havana, Buenos Aires, Lima, Sao Paulo, México und Santiago de Chile.

Die sensationelle Wirkung der Schrift gibt ein frühes Beispiel für die Macht der Presse ab. Einen ersten Höhepunkt erreichte sie im Zeichen der Rivalität zwischen England und Spanien um die Wende des sechzehnten Jahrhunderts. Eine zweite Welle von Übersetzungen brachte die französische Aufklärung. Zu einer dritten Sturzflut von Nachdrucken kam es zwischen 1810 und 1830 in Lateinamerika: der *Kurzgefaßte Bericht* gewann damals direkten Einfluß auf die Führer der Unabhängigkeitskriege gegen die spanische Kolonialmacht; Simón Bolívar hat Las Casas außerordentlich hochgeschätzt, und daß er selbst ein Abkömmling der Konquistadoren war, hat ihn nicht gehindert, die Schrift seinen revolutionären Absichten dienstbar zu machen. Und noch im spanisch-amerikanischen Krieg von 1899, der den Vereinigten Staaten die Kontrolle über den karibischen Raum und die Herrschaft über die Philippinen sicherte, mußte Las Casas als Kronzeuge gegen die Spanier herhalten.

Der Sog der machtpolitischen Interessen hat sein Werk nicht verschont. Immer wieder haben die Gegner Spaniens sich seiner bedient, oft nach der Art der Pharisäer; und so nimmt es nicht wunder, daß die hispanische Welt es bis heute unter einem Aspekt diskutiert, der uns albern scheint: nämlich ob es die »Ehre Spaniens« besudele oder nicht. Las Casas ist zum Exponenten der sogenannten Schwarzen Legende geworden. *Leyenda negra:* so nennen die spanischen Historiker, mit einem terminologischen Trick, eine jede Auffassung von der Eroberung Südamerikas, die nicht vom offiziellen Ruhmesblatt singt: als wäre, was der »Ehre Spaniens« Eintrag tut, eo ipso aus der Luft gegriffen.

Diese ganze Polemik ist antiquiert und überflüssig. Spaniens Ehre ist uns gleichgültig. Der französische Aufklärer Jean François Marmontel hat in seinem Werk über die Zerstörung des Inka-Reichs schon 1777, in dem er sich auf Las Casas bezog, gesagt, was dazu zu sagen ist: »Alle Nationen haben ihre Räuber und ihre Fanatiker, ihre Zeiten der Barbarei, ihre Anfälle von Tollwut.« Die Frage des Nationalcharakters steht nicht mehr auf der Tagesordnung. Die Ausrottung der europäischen Juden durch die Deutschen, die stalinistischen Deportationen, die Auslöschung von Dresden und Nagasaki, der Terror der Franzosen in Algerien haben noch dem Blindesten gezeigt, daß alle Völker zu allem fähig sind: und während der *Kurzgefaßte Bericht von der Verwüstung der Westindischen Länder* durch die Spanier in diesem Jahr von neuem zum Druck geht, erleben wir, als Zeugen, Mitwisser und Komplizen, die Verwüstung der Hinterindischen Länder durch die Amerikaner.

Die Historiker des neunzehnten Jahrhunderts haben hartnäckig, bisweilen verzweifelt versucht, Las Casas zu entkräften: nicht allein aus Chauvinismus oder aus Duckmäuserei, sondern weil die Ereignisse, die er schildert, ihr Geschichtsbild zerstört hätten. Sie glaubten an die Mission des Christentums oder an die »Werte« der europäischen Zivilisation, und was zu ihrer eigenen Zeit im Congo, in Indonesien, in Indien und China geschah, sie hätten es sowenig für möglich gehalten wie den Völkermord, den Las Casas beschreibt.

Uns sind solche Zweifel fremd. Allein die tägliche Zeitung wäre genug, sie zu beheben. Die Aktualität des Buches ist monströs, es riecht durchdringend *gleichzeitig*. Freilich ist auch unsere Art, es zu lesen, von einem Moment der Täuschung nicht frei. Jede historische Analogie ist zweideutig: wer sie ablehnt, für den wird die Geschichte zu einer Anhäufung nichtssagender Fakten; wer sie für bare Münze nimmt, die spezifischen Differenzen einebnet, für den wird sie zur ziellosen Wiederholung, und er fällt dem Trugschluß anheim, so wie es sei, sei es immer schon gewesen, und der stillschweigenden Folgerung hieraus: so werde es auch bleiben.

Nein, Las Casas war unser Zeitgenosse nicht. Sein Bericht handelt vom Kolonialismus in seiner frühesten Form, das heißt, vom blanken Raub, der unverhüllten Plünderung. Das verwickelte Ausbeutungssystem der internationalen Rohstoffmärkte war zu seiner Zeit noch nicht bekannt. Handelsbeziehungen spielten bei der spanischen Conquista keine Rolle, und nicht die Ausbreitung einer überlegenen materiellen Zivilisation, keine wie auch immer geartete »Entwicklungspolitik« diente ihr als Rechtfertigung, sondern ein hauchdünnes formales Christentum, das die Heiden bekehren wollte, soweit sie die Ankunft der Christenheit überlebten. In seinem Urzustand verzichtete der Kolonialismus auf die Fiktion der Partnerschaft, des Tauschhandels. Er bot nichts feil, er nahm, was er fand: Sklaven, Gold und Genußmittel. Seine Investitionen beschränkten sich auf den unerläßlichen Kern jeder kolonialen Ausbeutung: auf die bewaffnete Macht, die Administration und die Flotte. Aus diesen Gründen konnten die spanischen Eroberer die Dialektik der Versklavung ignorieren. Sartre hat ihren Mechanismus mit ein paar Sätzen beschrieben:

»Das ist der Ärger mit der Versklavung: wenn man ein Mitglied unserer Art zähmt, vermindert man seinen Ertrag, und so wenig man ihm auch gibt, ein Mensch als Arbeitstier wird immer mehr kosten, als er einbringt. Aus diesem Grund sind die Kolonialherren gezwungen, die Abrichtung auf halbem Wege abzubrechen. Das Ergebnis: weder Mensch noch Tier, sondern Eingeborener . . . Armer Kolonialherr: da liegt sein ganzer Widerspruch. Er müßte jene, die er ausplündern will, töten. Aber gerade das ist nicht möglich, denn er muß sie ja auch ausbeuten. Er kann das Massaker nicht zum Völkermord und die Versklavung nicht bis zur Vertierung treiben, und deshalb muß er die Zügel verlieren.«

Ein solches Dilemma tritt erst dann auf, wenn die Kolonisation sich langfristige Ziele steckt, wenn sie sich auf ein Rentabilitätskalkül einläßt. An ein derart rationales Verfahren der Ausbeutung war im sechzehnten Jahrhundert nicht zu denken: die Konquistadoren kannten keine doppelte Buchführung, nicht einmal das Kerbholz der baren Statistik; die Entvölkerung des Kontinents machte ihnen keine Sorgen.

Die Widersacher des Las Casas haben nicht gezögert, ihn gleichsam für die Irrationalität jenes Völkermordes haftbar zu machen. Auf seine Zahlen, so hieß und so heißt es immer noch, sei nichts zu geben: sie verrieten ein mittelalterliches Verhältnis zur Arithmetik. Zwölf, fünfzehn, gar zwanzig Millionen Einwohner hätte das südliche und mittlere Amerika zur Zeit der Eroberung nie und nimmer gehabt: wie in den Berichten der Kreuzzügler bedeutet hier das Wort »Million« ganz einfach »viele Leute«. Einer solchen Argumentation haftet von vornherein etwas Widerwärtiges an. Sie möchte Las Casas einen Lügner nennen, die Mörder aber recht gute Leute sein lassen, weil sie doch statt zwanzig Millionen Indianern nur acht, oder fünf, oder drei umgebracht hätten. So nimmt die *National- und Soldaten-Zeitung* die deutschen Faschisten in Schutz, mit der Behauptung, es seien doch gar nicht sechs Millionen Juden gewesen, höchstens fünf.

Abgesehen von der *moral insanity*, die aus solchen Einwänden spricht, sind sie auch sachlich falsch. Zwei amerikanische Forscher haben in den letzten Jahren die demographischen Verhältnisse im alten México untersucht. Sie sind zu dem Resultat gelangt, daß in den dreißig Jahren, die zwischen der Landung des Cortez und der Niederschrift des *Kurzgefaßten Berichts* liegen, die Bevölkerung des zentralen México von fünfundzwanzig auf etwa sechs Millionen zusammengeschmolzen ist. Das bedeutet, daß die Conquista allein in México neunzehn Millionen Opfer gekostet haben muß: Las Casas nannte deren vier. Selbst wenn man an die Seuchen, die Viruskrankheiten, die Malaria, an Hunger und Zwangsarbeit denkt, d. h. an die indirekten Ursachen der Entvölkerung, so kommt man zu dem Schluß, daß Las Casas mit seinen Angaben eher zu vorsichtig war, als daß er übertrieben hätte.

Lassen wir diese Rechenexempel beiseite. Las Casas hat mehr als vierzig Jahre in den amerikanischen Kolonien zugebracht. Was er mitteilt, das sind zum größten Teil Beobachtungen und Erfahrungen aus erster Hand. Für ihre Authentizität steht der Lebenslauf des Zeugen ein. Wo sie den Aussagen anderer Berichterstatter widersprechen, muß die historische Forschung sich auf langwierige Vergleiche einlassen. Zu einer solchen Diskussion sind wir nicht gehalten. Was für einen heutigen Leser des Buches den Ausschlag gibt, das sind zwei Kriterien, welche die akademische Forschung meistens ignoriert. Das ist, zum ersten, die innere Schlüssigkeit des *Kurzgefaßten Berichts*, sein Blick auf Detail, seine Sorgfalt in der Zeichnung der Episode. Las Casas hält sich selten bei abstrakten Thesen auf, und er schildert nicht nur die fürchterlichsten Grausamkeiten, sondern zeigt auch den zermürbenden Alltag;

er führt uns, wenn die Abkürzung erlaubt ist, nicht nur die Boger-Schaukel vor, sondern auch den Kampf um die tägliche Brotrinde.

Ein zweites, äußeres Kriterium für seine Glaubwürdigkeit ist die Genauigkeit, mit der sein Blick die Strukturen der kolonialen Herrschaft erfaßt. Da diese Strukturen heute noch fortbestehen, lassen sich seine Angaben verifizieren. Dazu braucht man kein Hispanist zu sein, dazu genügt ein Besuch in Südafrika.

Wer den *Kurzgefaßten Bericht* unter solchen Gesichtspunkten prüft, dem fällt in erster Linie der ökonomische Scharfblick des Autors auf. Der Kleriker Las Casas läßt es keineswegs bei theologischen Betrachtungen bewenden, er analysiert den Unterbau und enthüllt die Technik der kolonialistischen Ausbeutung. Ihr erster Schritt ist die Rekrutierung von Zwangsarbeitern. Diesem Zweck diente das sogenannte Encomienda-System. *Encomienda* heißt soviel wie Empfehlung. Eine beliebige Zahl von Indianern wurde von den lokalen Befehlshabern an die einzelnen Spanier verteilt und ihnen »anempfohlen«, mit der Begründung, eine solche Schutzherrschaft sei zu ihrer prompten Bekehrung vonnöten. In Wirklichkeit war der Status der Schutzbefohlenen der von Leibeigenen: sie waren ihren neuen Herren auf Gnade oder Ungnade ausgeliefert und ohne Anspruch auf Entlohnung oder Unterhalt zu jeder Arbeitsleistung verpflichtet, die der »Schutzherr« (*encomendero*) ihnen auferlegte.

Die Wirtschaft der Kolonisatoren konzentrierte sich auf zwei Erwerbszweige, die bis heute die Ökonomie vieler südamerikanischer Nationen dominieren: den Bergbau und die Plantagenwirtschaft. Während aber jetzt die nordamerikanischen Konzerne vor allem Zinn, Kupfer, Blei und Vanadium extrahieren, trachteten die Konquistadoren nur nach einem einzigen Metall: dem Gold.

Die Verbindung zum Mutterland war zur Zeit der Conquista kostspielig, zeitraubend und gefährlich; die Ausbeutung der überseeischen Besitzungen mußte sich deshalb auf die kostbarsten Güter beschränken. So erklärt sich eine weitere Spezialität der Kolonisatoren, die Perlenfischerei im Karibischen Meer, von der Las Casas eine unvergeßliche Schilderung gibt: »Man senkt die Perlenfischer nämlich drei, vier, auch wohl fünf Klafter tief ins Meer, und zwar von Sonnenaufgang bis Sonnenuntergang. Da müssen sie die ganze Zeit über unter dem Wasser herumschwimmen und die Muscheln losreißen, worin Perlen wachsen . . . Fast alle können diese abscheuliche Lebensart nur kurze Zeit ertragen; denn es ist schlechterdings unmöglich, daß Menschen, die ohne Atem zu schöpfen unter Wasser arbeiten müssen, lange leben können. Ihr Körper wird unaufhörlich von Kälte durchdrungen; ihre Brust wird vom häufigen Zurückhalten des Atems zusammengepreßt; mithin bekommen sie Blutspeien und Durchfall, und sterben daran. Ihr Haar, das von Natur schwarz ist, bekommt eine ganz andere Farbe und wird brandrot wie das Fell der Meerwölfe. Auf ihrem Rücken schlägt Salpeter aus. Kurz, sie sehen wie Ungeheuer in Menschengestalt aus.«

Das ist kein Bericht vom Hörensagen: so spricht nur einer, der das brandrote Haar und die verkrusteten Schultern mit eigenen Augen gesehen hat. Die Schilderung, die Las Casas gab, führte übrigens zu einem königlichen Verbot der Perlenfischerei – einem der wenigen und kurzlebigen Siege, die dem streitbaren Bischof zugefallen sind.

Ein anderer Geschäftszweig, dessen Las Casas gedenkt, konnte sich erst entwickeln, als eine Region nach der andern entvölkert war: der Sklavenhandel. Nachdem sie die Indianer zu Millionen niedergemacht und zu Tode geplagt hatten, stellten die Kolonisatoren zu ihrem Erstaunen, und sogar mit einem gewissen Bedauern, fest, daß es ihnen an Arbeitskräften fehlte. In diesem Augenblick verwandelte sich der Wilde in eine Ware, die Deportation wurde zum Erwerbsunternehmen, das Militärs und Beamte, die sich zu primitiven Aktiengesellschaften zusammentaten, auf eigene Rechnung betrieben.

»Die kolonisierte Welt ist eine zweigeteilte Welt. Die Trennungslinie, die Grenze wird durch Kasernen und Polizeiposten markiert. Der rechtmäßige und institutionelle Gesprächspartner des Kolonisierten, der Wortführer der Kolonialherrn und des Unterdrückungsregimes ist der Gendarm oder der Soldat ... Der Agent der Macht benutzt die Sprache der reinen Gewalt. Er verschleiert nicht die Herrschaft, er stellt sie zur Schau ... Der Kolonialherr ist ein Exhibitionist. Sein Sicherheitsbedürfnis führt ihn dazu, den Kolonisierten mit lauter Stimme daran zu erinnern: ›Der Herr hier bin ich.‹«

Diese Sätze stammen aus einer modernen Phänomenologie der kolonialen Herrschaft. Frantz Fanon hat sie in den ersten Kapiteln seines Buches *Die Verdammten dieser Erde* (1961) entwickelt. Die Beobachtungen, welche Las Casas vierhundert Jahre früher anstellte, stimmen damit aufs genaueste überein. Noch die offensichtlich zwecklosen Grausamkeiten, noch die terroristische Willkür der Konquistadoren hatte ihre psychologische Funktion darin, daß sich die Neue Welt demonstrativ entzweischnitt. Den Beweis dafür, daß die Indianer keine Menschen waren, erbrachten die Spanier jeden Tag von neuem dadurch, daß sie so handelten, als hätten sie es nicht mit Menschen zu tun: »Sie achteten und schonten sie weit weniger – und ich sage die Wahrheit, denn ich habe es die ganze Zeit über mitangesehen – nicht etwa bloß als ihr Vieh – wollte Gott, sie hätten sie nicht grausamer als ihr Vieh behandelt! – sondern sie achteten sie nicht höher, ja noch weit geringer, als den Kot auf den Straßen.«

(»Den verzweifelten Hinweisen des gesunden Menschenverstandes auf die Überflüssigkeit der gigantischen Apparatur des Terrors gegen ganz und gar fügsame Menschen«, so sagt Hannah Arendt und meint damit die Konzentrationslager des zwanzigsten Jahrhunderts, »könnten die totalen Machthaber, wenn sie die Wahrheit sagen wollten, antworten: Dieser Apparat erscheint euch nur überflüssig, weil er der Überflüssigmachung von Menschen dient.«)

Aber der blinde Terror, durch den die Kolonialherren zeigen, wer sie sind und daß die Kolonisierten nichts sind, führt zu einem neuen Dilemma. Er versichert sie ihrer Identität und gefährdet zugleich ihre Ideologie. Mit der Angst vor den Kolonisierten nimmt er ihnen die Rechtfertigung, auf die sie nicht verzichten wollen. Denn der Kolonialherr will nicht nur Gewalt, sondern auch Recht haben: bis zum Erbrechen beteuert er, daß er eine Mission habe, daß er Gott und dem König diene, die christliche Lehre und die Werte der Zivilisation verbreite, mit einem Wort, daß er im Grunde etwas Höheres im Sinn habe. Ohne ein gutes Gewissen kommt er nicht aus. Das bedeutet aber: er muß den Terror, den er ostentativ übt, verbergen und seine eigene Demonstration verleugnen. Etwas eigentümlich Schizophrenes, ein wahnwitziger Formalismus haftet daher allen kolonialistischen Unternehmungen an. Auch hierfür gibt der *Kurzgefaßte Bericht* ein ausgezeichnetes Beispiel:

»Zufolge einer höchst gefährlichen Verblendung, womit alle diejenigen behaftet waren, die bis auf den heutigen Tag in Indien regierten, wurde in dem Bekehrungswerke und in Rücksicht der Seligmachung jener Völker ganz verkehrt zu Werke gegangen. Man kann mit Wahrheit sagen, daß sie dieselbe in Werk und Tat gänzlich hintenan setzten, wiewohl sie beständig viel Redens davon machten, um andere Dinge damit zu bemänteln und zu beschönigen. Sie schickten nämlich den Indianern Befehle zu, sie sollten sich zum christlichen Glauben bekehren und den Königen von Castilien unterwerfen, sonst werde man sie mit Feuer und Schwert heimsuchen, erwürgen, zu Sklaven machen, usw. . . . Sobald jener unselige verruchte Gouverneur die Verfügung getroffen hatte, daß dergleichen Befehle ausgefertigt wurden, so suchte er denselben, da sie an und für sich abgeschmackt, unvernünftig und ungerecht waren, wenigstens einigen Schein Rechtens zu verschaffen. Er befahl demnach, oder die Mörder, welche er aussandte, trafen von selbst die Verfügung, daß die Ortschaften, worin man Gold gewahr geworden war, und welche sie berauben und plündern wollten, nicht eher überfallen werden durften, bis sich die Indianer in ihren Wohnungen ganz sicher glaubten. Dann näherten sich die spanischen Räuber einem solchen Orte bei Nachtzeit bis auf etwa eine halbe Meile, verkündigten oder verlasen jene Befehle unter sich selbst, und riefen sodann: Ihr Indianer dieses Ortes, wir tun euch hiermit zu wissen, daß es nur Einen Gott, Einen Papst und Einen König von Castilien gibt, welcher der Herr von diesem Lande ist! Kommt augenblicklich herbei, unterwerft euch ihm usw. Wo nicht, so wisset, daß wir euch bekriegen, totschlagen, gefangen nehmen werden usw. Gegen vier Uhr des Morgens stürmten sie in den Ort, warfen Feuer in die Häuser, verbrannten Weiber und Kinder lebendig, schlugen tot was sie wollten und suchten sodann das Gold zusammen, welches sich in den Häusern befunden hatte.«

Unter der kolonialen Herrschaft wird der Satz, nicht der Mörder, sondern der Ermordete sei schuldig, zur herrschenden Maxime. Der »Eingeborene« ist von vornherein ein potentieller Verbrecher, der in Schach gehalten werden muß, ein Hochverräter, der die staatliche Ordnung bedroht: »Diejenigen, welche nun nicht gleich herbeieilten«, so heißt es bei Las Casas, »um sich den Händen so ruchloser, grausamer und viehischer Menschen anzuvertrauen, die nannten sie Rebellen und Aufrührer, welche sich dem Dienste Seiner Majestät entziehen wollten.«

Aber gerade dieser Schuldspruch verhilft den Kolonisierten zur Einsicht in ihre Lage. Er führt seine eigene Erfüllung herbei: die Fiktion wird Wirklichkeit, die Vergewaltigten greifen zur Gewalt. Las Casas schildert mehrere Fälle, in denen es zu bewaffneten Aktionen des Widerstandes, sogar zu kleinen Guerillas kam. Er nennt die Überfälle der Indianer, bei denen »eine beträchtliche Anzahl von Christen« ums Leben kam, einen »gerechten und geheiligten Kampf«, dessen »rechtmäßige Ursachen . . . jeder vernünftige und Gerechtigkeit liebende Mann, wer er auch sei, billigen wird«. Unerschrocken, in drei großen Sätzen, denen die Jahrhunderte nichts anhaben können, führt Las Casas seinen Gedanken zu Ende: »Die verruchten, verblendeten, von Gott verlassenen, in ihren verkehrten Sinn dahin gegebenen Spanier sahen nicht ein, daß die Indianer die gerechteste und gültigste Ursache gehabt hätten, sie, sofern sie anders bewaffnet gewesen wären, nach allen natürlichen, göttlichen und menschlichen Gesetzen, mit dem größten Fug rechtens in Stücke zu hauen, und aus ihrem Lande hinauszuwerfen. Noch weniger konnten sie begreifen, daß sie auf die ungerechteste, ruchloseste, gesetzwidrigste Art verfuhren, als sie jene unerhörten Grausamkeiten, Vergehungen und unverzeihbaren Verbrechen an den Indianern verübten. Sie bekriegen sie vielmehr noch immer, und denken, glauben und schreiben, alle die Siege, welche sie über die armen schuldlosen Indianer davontragen, kämen von Gott; nicht anders, als hätten sie die gerechtesten Ursachen zu ihren Kriegen.«

Das Buch, das Las Casas uns hinterlassen hat, ist ein Skandal. Das Wort Skandal, bei seinem Ursprung genommen, bedeutet soviel wie Falle. Die Gelehrten, die uns vor ihm warnen wollen, haben sich in jenes alte *skandalon* verstrickt. Sie ahnen nicht einmal, daß ihr Streit nur das ferne Echo eines riesigen Konfliktes ist. Der Sturm im Wasserglas der Zunft zeigt auf andere Stürme, das Gekräusel im historischen Bewußtsein zeigt enorme Beben in der historischen Realität an. Der Prozeß, der mit der Conquista begann, ist nicht zu Ende. Er wird in Südamerika, in Afrika und Asien geführt. Nicht wir sind es, denen das Urteil über den Mönch aus Sevilla zusteht. Vielleicht hat er das unsrige gesprochen.

II

Don Bartolomé de Las Casas ist 1474 als Sohn eines Adligen zur Welt gekommen. Die Familie stammt aus dem Limousin. Sie ist in Andalusien zu Ansehen und Wohlstand gelangt. 1492, als Columbus seine erste Reise nach Westen antrat, nahm Las Casas an der Universität von Salamanca das Studium der Theologie und der Rechte auf. Sein Vater, Don Francisco, war einer der ersten Europäer, die den neuen Kontinent erblickt haben. Der Name Las Casas erscheint im Verzeichnis der Reisenden auf der *Santa Maria*. Über die Handlungen des Vaters sind wir schlecht unterrichtet, nicht einmal seine Ankunft in Amerika steht fest; es gibt nämlich Historiker, die behaupten, er hätte erst an der zweiten Ausfahrt des Columbus teilgenommen. Jedenfalls ist Don Francisco schon 1497 nach Sevilla zurückgekehrt. In der Geschichte der Conquista hat er keine bleibenden Spuren hinterlassen.

Sein Sohn muß ihm in den letzten Jahren des fünfzehnten Jahrhunderts nachgefolgt sein. Seit 1502 ist seine Anwesenheit in Hispaniola verbürgt; 1511 wurde er in Santo Domingo zum Priester gewählt. Mit der indianischen Kultur hat sich Don Bartolomé offensichtlich früh beschäftigt. Es ist bezeugt, daß er ein gesuchter Dolmetscher war. Im Laufe seines Lebens hat er mehr als ein Dutzend Indianer-Dialekte erlernt. Im übrigen verhielt er sich fünfzehn Jahre lang nicht anders als die andern Kolonisatoren. Er lernte die führenden Leute der Eroberung kennen: Cortez, Pizarro, Alvarado, Pedrarias und Columbus den Jüngeren. 1512 ging er mit Diego de Velásquez und Panfilio de Narváez nach Cuba. Die Expedition hatte es auf die »Pazifizierung«, das heißt, auf die vollständige Unterwerfung der Insel abgesehen. Wie Las Casas selbst in seiner *Geschichte der Indischen Länder* berichtet, empfing er dort »eine gute Zuteilung«. Eine beträchtliche Zahl von Indianern wurde ihm »anempfohlen«. Auch ein entsprechendes Areal fiel ihm zu. Las Casas war damit an dem System der Ausbeutung persönlich interessiert: er betrieb eine einträgliche Gruben- und Plantagenwirtschaft und kümmerte sich, wie er selber schreibt, »mehr um sein Gut und seine Gruben als um die christliche Lehre; denn er war ebenso verblendet wie die weltlichen Ansiedler«.

Der Beginn seines Lebenswerkes läßt sich genau datieren. Zu Pfingsten 1514, im Alter von vierzig Jahren, sollte Las Casas in der neu gegründeten Ciudad de Espíritu Santo eine Predigt halten. »Bei der Vorbereitung auf diese Predigt begann ich, über einige Grundsätze der Heiligen Schrift nachzudenken. Ich stieß auf eine Stelle im Buche Sirach, Kapitel 34. Dort heißt es: Der Arme hat nichts denn ein wenig Brot; wer ihn darum bringt, der ist ein Mörder. Wer dem Arbeiter seinen Lohn nicht gibt, der ist ein Bluthund . . . Ich bedachte die Not und die Sklaverei, in der das einheimische Volk hier lebt . . . Je mehr ich aber darüber nachdachte, desto mehr wurde ich davon überzeugt, daß alles, was wir den Indianern bisher widerfahren ließen, nichts ist als Tyrannei und Ungerechtigkeit . . . Und soviel ich auch studierte, ich fand in jedem Buch, das ich las, es sei nun auf Latein oder Spanisch, nur immer neue Beweisgründe und verbürgte Lehren, die für das Recht jener westindischen Völker und gegen die Räubereien, Untaten und Ungerechtigkeiten sprachen, die wider sie begangen wurden.« Diese Entdeckung, eine zweite Endeckung der Neuen Welt, einer Welt, die noch heute nicht vermessen ist, hat Las Casas bis zu seinem Tod beschäftigt. Mit einer religiösen Erleuchtung hat sie nichts zu tun. Las Casas besteht sorgfältig darauf, daß es sich um eine Einsicht handelt, die jedermann zugänglich ist; er besteht auf ihrer Rationalität, und zieht aus ihr, mit der leuchtenden Logik einer großen Intelligenz, alle theoretischen und praktischen Konsequenzen.

Er verzichtet zunächst auf seine Güter und auf die Sklaven, die ihm zugeteilt worden sind, und mischt sich in die administrative Praxis der Konquistadoren ein. Sein erstes Angriffsziel sind die terroristischen Methoden ihrer Justiz. Sehr bald kommt es zu den ersten Konflikten zwischen dem Frater und den Befehlshabern der »Pazifizierung« Cubas. Las Casas interveniert beim Gouverneur, setzt Gnadengesuche und Bittschriften auf, oft vergebens. Die Auseinandersetzung entfaltet ihre eigene Logik. Der Mönch kommt zu dem Schluß, daß die Hinrichtungen sich nicht isoliert vom Ganzen des Systems bekämpfen lassen, das auf sie angewiesen ist, um sich zu behaupten. Im Frühjahr 1515 sucht er deshalb den Königlichen Generalrepartidor für die Indischen Länder auf, der das System der Zwangsarbeit repräsentiert, und eröffnet ihm, daß seine Tätigkeit »allen göttlichen und menschlichen Gesetzen Hohn spreche«. Gleichzeitig wendet sich Las Casas mit Eingaben, Gutachten und Beschwerden an den spanischen Hof.

Der Beamte der Krone soll den unbekannten Kleriker mit unbewegter Miene angehört haben; doch begannen mit dieser Audienz die Mißhelligkeiten und Widrigkeiten, die Las Casas sein Leben lang begleiten sollten. Seine Briefe gingen verloren, seine Einkünfte blieben aus, und sein Versuch, eine Schiffspassage zu erlangen, stieß auf die größten Schwierigkeiten. Las Casas hatte sich nämlich entschlossen, nach Madrid zu reisen, zum König vorzudringen und den Erlaß von Gesetzen zu erwirken, die das ganze System der Sklavenwirtschaft aus den Angeln heben sollten. Dieser Vorsatz ist für Las Casas charakteristisch. Seine Zeitgenossen hielten ihn für toll. Doch war die Mischung von Kühnheit und Naivität, mit der er zu Werk ging, vielleicht seine größte Stärke: immer wieder hat sie Las Casas geschützt und seine Gegner überrumpelt. Im übrigen war seine Strategie völlig folgerichtig. In den Kolonien gab es keine Instanz, auf deren Unterstützung er rechnen konnte: Kleriker und Laien, Beamte und Privatleute waren dort gleichermaßen Teilhaber jener Firma, deren Gewinne die Ideen Don Bartolomés bedrohten.

Im Sommer 1515 trat Las Casas die erste der vierzehn Seereisen an, die er insgesamt unternahm, um die Bewohner der »westindischen Länder« vor der Ausrottung zu bewahren. Über den Beichtvater des Königs gelang es ihm, zu Ferdinand V. vorzudringen und ihm über die Verhältnisse in Amerika einen ausführlichen Bericht zu erstatten. Es gibt über diese Audienz keine Aufzeichnung. Immerhin sah sich der König bewogen, eine Kommission zu berufen, die sich mit der »Indischen Frage« befassen sollte. Las Casas wurde in Sevilla vorgeladen: seine Aussagen veranlaßten die Kommission zu einer Empfehlung an den König, er möge die Materie gesetzlich ordnen. Es ist fraglich, ob Don Bartolomé damals bereits die Regeln des Spieles kannte, auf das er sich eingelassen hatte, und das sich, in immer neuen Winkelzügen, über fünfzig Jahre lang hinziehen sollte. Er wußte vermutlich nicht, daß die Mitglieder der Kommission, zwei Bischöfe und ein Beamter, an der Ausbeutung Westindiens materiell interessiert waren: sie bezogen dorther beträchtliche Einkünfte. Als, wenig Monate nach der Audienz, der König starb, löste die Kommission sich auf. Von den Neuen Gesetzen war keine Rede mehr. Eine Intervention bei dem neuen Monarchen schien aussichtslos – Karl V., damals sechzehn Jahre alt, hielt sich nicht in Spanien auf. Las Casas wandte sich nun an den Großinquisitor, der zugleich den König vertrat. Ximenes ernannte den Dominikaner zum »Defensor universal de los Indios«, zum Berater aller Behörden der spanischen Krone für die Indianer-Frage und zum Berichterstatter einer neuen Kommission, die ihn nach Westindien begleiten sollte. Neue Manöver, Bestechungsversuche, Denunziationen und Intrigen; neue Reisen, Vorladungen, Berichte; Verzögerungen, Hindernisse, offene und versteckte Sabotage. Im Jahre 1520 erreichte Las Casas endlich eine Audienz bei Karl V.

Es kam zu einer bewegten Auseinandersetzung, über die wir bis ins einzelne unterrichtet sind. An dem Gespräch, das formal an die *hearings* unserer Tage erinnert, nahmen der Kanzler der spanischen Krone, mehrere Mitglieder des Indischen Rates, ein Vertreter der Kommission von 1516 sowie der Generalnotar für die Indischen Gebiete, ein gewisser Conchillos teil, der die Interessen des Sklavenhandels vertrat. Der heftige Disput endete damit, daß der Generalnotar dem König seinen Rücktritt anbot. Die Demission wurde angenommen. Las Casas schied mit dem Titel eines königlichen Hofkaplans. Der König traf die folgende Entscheidung: Das bisherige Vorgehen der Konquistadoren in den Indischen Ländern sei ungesetzlich; der Indische Rat möge einen Plan ausarbeiten, nach dem die amerikanischen Besitzungen »ohne Waffengewalt regiert werden können«.

Der Mann, der am kaiserlichen Hof derartige Wirkungen erzielte, war kein Neuling mehr, sondern ein erfahrener, mit der Denkweise der Regierenden eng vertrauter Politiker. Las Casas hatte seine Unbefangenheit nicht verloren, und er war weniger denn je zu Kompromissen bereit, doch hatte er sich überraschend schnell zu einem Taktiker großen Stils entwickelt. An Hand einiger Stellen aus dem *Kurzgefaßten Bericht* läßt sich seine Argumentation dem König gegenüber rekonstruieren. Sie ging unter allen Umständen von der Annahme aus, der Monarch wüßte nichts von den Verbrechen, die in seinem Namen begangen wurden:

»Unser König und Herr wurde durch gewisse höchst schädliche und betrügliche Vorstellungen hintergangen; wie man denn immer daran arbeitete, ihm die Wahrheit zu verhehlen, daß sich die Spanier in Indien an Gott und den Menschen und an seiner königlichen Würde auf die schrecklichste Art versündigten.«

Solche Sätze sprechen den König von jeder Mitschuld frei; um so gefährlicher sind sie für seine Beauftragten. Ihre Zweideutigkeit kommt zum Vorschein, sobald Las Casas sich der Frage zuwendet, wie die Beute zu verteilen sei:

»Euer Majestät haben mehr Diener hier zu Lande, als Allerhöchstdieselben vielleicht glauben. Unter allen hier befindlichen Soldaten ist vielleicht nicht Einer, der, wenn er aufs Rauben, Plündern und Morden ausgeht, sich nicht erfrechen sollte, öffentlich vorzugeben, er stehe im Dienste Eurer Majestät; denn unter diesem Titel bekämen Euer Majestät Ihren Anteil von der gemachten Beute.«

Selbstverständlich war sich Las Casas darüber im klaren, daß die spanische Krone auf die Einkünfte aus den Kolonien gänzlich angewiesen war. Das Augsburger Handelshaus der Welser hatte ein Jahr vor der Audienz die Wahl Karls des Fünften zum Kaiser finanziert. Seine Abhängigkeit von den Bankiers war in ganz Europa notorisch. Las Casas machte sich auch diesen Sachverhalt noch zunutze. Er brachte gegen die Konquistadoren vor, ihr gewaltsames Vorgehen koste dem König Jahr für Jahr viele hunderttausend Kronen in Gold; es gehe zu Lasten der Staatskasse und diene nur der Bereicherung der lokalen Machthaber. Das Argument läuft letzten Endes auf eine Zentralisierung und Verfeinerung der kolonialen Ausbeutung hinaus, doch hat es Karl V. sicherlich stärker beeindruckt als alle theoretischen und juristischen Streitgründe, die Las Casas aufbot.

Übrigens ist Las Casas selbst zum Opfer des taktischen Geschicks geworden, das er in der Audienz von 1520 entfaltete. Er soll damals auf die zarte Konstitution der Indianer hingewiesen und geäußert haben, die Einwohner Afrikas seien den physischen Strapazen der Gruben- und Plantagenarbeit weit eher gewachsen. Dieser Hinweis ist aufgegriffen worden. Im Lauf der folgenden 350 Jahre wurden zwischen fünfzehn und zwanzig Millionen Menschen aus Afrika verschleppt und als Sklaven nach Amerika verkauft. Der Sklavenhandel, eines der größten Geschäfte der Weltgeschichte, berief sich auf die Worte, die Las Casas 1520 vorgebracht hatte, und ernannte ihn zu seinem Schutzpatron. Er hat sich nicht verteidigt, aber in seiner *Historia general de las Indias* stehen die lapidaren Sätze:

»Der Priester Las Casas hat als erster dazu geraten, daß man Afrikaner nach Westindien einführe. Er wußte nicht, was er tat. Als er vernahm, daß die Portugiesen wider alle Rechtlichkeit in Afrika Menschen fingen und sie zu Sklaven machten, bereute er bitter seine Worte . . . Das Recht der Schwarzen ist dem Recht der Indianer gleich.«

Las Casas hatte die Zustimmung des Königs gefunden. Aber der König war weit. Die Gesetzgebung blieb stecken. An der Praxis der amerikanischen Kolonisation änderte sich wenig. 1523 zog sich Don Bartolomé in das Dominikanerkloster auf Hispaniola zurück, wo er fast zehn Jahre lang blieb. In dieser Zeit legte er die theoretischen Fundamente seiner künftigen Aktionen. Die wissenschaftlichen Hauptwerke sind damals konzipiert und in Angriff genommen worden; zuerst die *Apologetische Geschichte der Indischen Länder*, dann das Quellenwerk der *Historia general*. Für die moderne Geschichtsschreibung der Conquista, mag sie auch an der Methode des Las Casas einiges auszusetzen haben, sind diese Arbeiten unentbehrlich. Ihr Autor war mit dem Instinkt und dem Spürsinn des wahren Historikers begabt. Er sammelte systematisch Manuskripte, Briefe und amtliche Dokumente, die sich auf die Eroberung Amerikas bezogen. Die Nachwelt verdankt ihm zum Beispiel die Kenntnis der Schiffstagebücher des Columbus: eine Abschrift aus seinem Archiv hat sie überliefert. Doch beschränkte sich Las Casas nicht auf die Rolle eines Chronisten. Sein Verständnis für die indianischen Kulturen verhalf ihm zu anthropologischen Einsichten, die seinen Zeitgenossen vollkommen fremd waren. Er vertrat die Ansicht, die amerikanischen Kulturen seien mit europäischen Maßstäben nicht zu messen. Man müsse sie von ihren eigenen Voraussetzungen her zu begreifen suchen. Die Maya-Tempel in Yukatan vergleicht er wohl als erster mit den Pyramiden. Die Spanier hätten keinerlei Grund, sich den Indianern überlegen zu fühlen; er ziehe diese in mancher Hinsicht seinen eigenen Landsleuten vor. Solche Einsichten kündigen, zweihundert Jahre vor Vico, die Dämmerung des historischen Bewußtseins an. Las Casas verstand die menschliche Kultur als einen evolutionären Prozeß, und er begriff, daß die Zivilisation kein Singular, sondern ein Plural ist: er entdeckte die Ungleichzeitigkeit der geschichtlichen Entwicklung und die Relativität der europäischen Position. Im sechzehnten Jahrhundert steht er, soviel ich sehen kann, mit einem derartigen Geschichtsverständnis allein da. Den Regierungen des Westens ist es, nach ihren Taten zu urteilen, bis heute fremd geblieben.

In den dreißiger Jahren nahm Las Casas seinen politischen Kampf von neuem auf. Er besuchte Venezuela, Perú, Neu-Granada, Darien und Guatemala. In Nicaragua kam es 1539 zu einem neuen Eklat. Durch eine seiner Predigten veranlaßte der Dominikaner die Soldaten eines spanischen Expeditionskorps zur Fahnenflucht. Der Streifzug endete mit einer Niederlage der geschwächten Truppe. Ihr Kommandeur zeigte Las Casas in Madrid als Hochverräter an. Wieder mußte er die Überfahrt nach Spanien, die damals acht bis sechzehn Wochen dauerte, antreten, um sich zu verantworten. Das Verfahren gegen ihn wurde niedergeschlagen. Er hielt sich vier Jahre lang in Spanien auf. In dieser Zeit schrieb er den *Kurzgefaßten Bericht*, ließ sich zum Bischof weihen und erwirkte endlich den Erlaß einer umfassenden gesetzlichen Regelung der »Indischen Frage«. Die

Neuen Gesetze – Las Nuevas Leyes de las Indias – wurden 1542 in Sevilla verkündet. Sie verboten den Vizekönigen und Gouverneuren, allen königlichen Beamten, Offizieren und Soldaten, den Klerikern, den Klöstern und allen öffentlichen Institutionen, auf dem Wege der *encomienda* Indianer in ihren Dienst zu nehmen. Alle Indianer, die unter dieses Gesetz fielen, oder die ohne königliche Order »empfohlen« worden waren, galten als Freigelassene. Jedem einheimischen Arbeiter billigte das Gesetz einen angemessenen Lohn zu. Die Perlenfischerei wurde verboten. Die Neuen Gesetze schließen mit dem Satz: »Es soll mit den Bewohnern der Westindischen Länder in allen Dingen so verfahren werden wie mit den freien Untertanen der Krone von Castilien: denn zwischen diesen und jenen ist kein Unterschied.«

Die Neuen Gesetze stießen sofort auf den erbitterten und organisierten Widerstand der spanischen Kolonien in Amerika. Die Unternehmer erklärten ganz offen, sie seien auf die Sklavenwirtschaft angewiesen. Die Richter schlugen sich zum größten Teil auf die Seite der lokalen Interessenten; aber auch wo sie nicht bestochen waren, erwies es sich als unmöglich, die neue Rechtsprechung gegen den Willen der militärischen und zivilen Administration durchzusetzen. Nach vier Jahren brach der Versuch des »Beschützers aller Indianer«, deren Rechte legislativ zu sichern, endgültig zusammen. Karl V. widerrief am 20. November 1545 unter dem Druck der amerikanischen Lobby die Neuen Gesetze.

Las Casas, damals schon ein Greis, wird ohne Zweifel eingesehen haben, daß sein Kampf politisch nicht zu gewinnen war. Er dachte indessen nicht daran, zu resignieren. Er zog sich auf ein Terrain zurück, auf dem ihn die *pressure group* der Gutsbesitzer nicht angreifen konnte. Das war die theologische Alltagspraxis. Als Bischof von Chiapa in México gab er eine Schrift des folgenden Titels heraus: *Beichtstuhl, das ist: Eine Handreichung für alle Beichtväter, die den spanischen Herren der westindischen Indianer das Sakrament zu spenden haben.* Dieser Beichtspiegel setzt die Bedingungen fest, unter denen einem Konquistador, einem Plantagen- oder Grubenbesitzer, einem Sklaven- oder Waffenhändler die Absolution zu erteilen war. Las Casas verlangte, als Voraussetzung, die Errichtung eines notariellen Protokolls, in dem sich das Beichtkind zur völligen Wiedergutmachung verpflichten mußte, und zwar in juristisch bindender Form. Da solche Dokumente zumeist auf dem Totenbett aufgesetzt wurden, lief dies auf die Errichtung von Testamenten zugunsten der Indianer hinaus. Die *Handreichung* setzt bis ins Detail fest, wie das Vermögen des Sterbenden zu veranlagen und wie die Hinterlassenschaft vermögensrechtlich zu regeln sei. Die Wirkung der Schrift war sensationell. Las Casas hatte einen stärkeren Verbündeten als den König ausfindig gemacht: die Höllenangst der Spanier. Die Ratschläge, die er den Beichtvätern gab, bedeuteten für jeden, der sich weigerte, die Bedingungen zu erfüllen, den Kirchenbann. Selbstverständlich drang Las Casas nur in wenigen Diözesen mit seinem Beichtspiegel durch. Nach einigen Jahren legte sich das Entsetzen der Gläubigen, und der *Beichtstuhl* geriet in Vergessenheit. Immerhin trug das Buch seinem Autor eine neue Anzeige wegen Hochverrates und Majestätsbeleidigung ein: es sei geeignet, so heißt es in der Klage, die königliche Herrschaft in den Westindischen Ländern zu untergraben. Las Casas mußte einer Vorladung nach Madrid folgen. Er verließ Amerika im Sommer 1547. Er hat die Neue Welt nicht wiedergesehen.

Las Casas war beinahe achtzig Jahre alt. Das Verfahren gegen ihn verlief im Sande. Er ließ sich von seinem Bischofsamt entbinden. In dem Jahrzehnt, das ihm blieb, setzte er seine historischen, anthropologischen und juristischen Forschungen fort und publizierte eine erste Ausgabe seiner Werke. Alles, was er dachte und schrieb, kreiste um das Problem der Kolonisation. Zu einem letzten großen Auftritt vor der politischen und akademischen Weltöffentlichkeit der Epoche kam es im Jahre 1550. Es war dies die berühmte Disputation von Valladolid. Der Mann, dem Las Casas dort entgegentrat, war der führende Ideologe der Conquista, Sepúlveda. Die Auseinandersetzung wurde von beiden Seiten mit äußerster Schärfe geführt. Eine Aufzeichnung des Gesprächs ist erhalten. Aus ihrem weitschweifigen Titel geht hervor, was der Kern des Streites war:

Disputation, oder Streitgespräch zwischen dem Bischof Fray Don Bartolomé de Las Casas, ehemals Oberhirten der Königlichen Stadt Chiapa, die in den Westindischen Ländern liegt und zu Neu-Spanien gehört; und Dr. Ginés de Sepúlveda, dem Hofchronisten unseres Kaiserlichen Herrn: darüber, ob, wie der Doktor behauptet, die Eroberung der Indischen Länder und der Krieg gegen die Indianer rechtens; oder ob, wie der Bischof dagegen vorbringt und verkündet, jener Krieg tyrannisch, ungerecht und unrechtmäßig gewesen sei; welche Frage ergründet wurde in Gegenwart vieler Gottes- und Rechtsgelehrter auf einer Versammlung, die nach dem Wunsch und Willen Seiner Majestät zu Valladolid im Jahre 1550 einberufen worden ist.

Die Kontroverse endete mit einer vollständigen Niederlage Sepúlvedas, der sich von seinem Hofamt zurückzog und dessen Buch *Über den gerechten Krieg gegen die Indianer* dem Verdikt der Inquisition anheimfiel. Wie alle andern Siege, die Las Casas erfocht, war dies ein Scheinsieg. Die Theorie der Conquista war schwer angeschlagen, doch an der Lage der Indianer änderte sich nichts.

Las Casas starb im Sommer 1566 zu Madrid. Auf seinem Schreibtisch fand sich sein letztes Manuskript, eine Schrift über *Die sechzehn Heilmittel wider die Pest, welche die Indianer ausgerottet hat.* »Die Totenkerze in der Hand«, so heißt es in einem zeitgenössischen Bericht, »und darauf gefaßt, diese Welt zu verlassen, bat er seine Freunde, die Verteidigung der Indianer fortzusetzen. Er sei betrübt darüber, daß er so wenig zu ihren

Gunsten habe ausrichten können, doch überzeugt, daß er in allem, was er für sie unternommen, recht getan.«

Es gibt kein Denkmal in Spanien, das an ihn erinnert, und niemand weiß, wo er begraben worden ist.

Bartolomé de Las Casas war kein Revolutionär. Den Umsturz hat er nicht gepredigt. Seine Loyalität der Kirche und der Krone gegenüber steht außer Zweifel. Er stritt für die Gleichberechtigung der Indianer *als Untertanen* einer Obrigkeit, die er anerkannte. Eine radikale Umwälzung der gesellschaftlichen Ordnung war für ihn so wenig denkbar wie für seine Zeitgenossen: die vorhandene wollte er dahin bringen, daß sie ihre eigene Ideologie einlöste. Jede Gesellschaftsverfassung enthält eine Utopie, mit der sie sich schmückt und die sie zugleich entstellt. Las Casas ahnte nicht, daß diese Verheißung, die auch in der Staatsidee seiner Zeit zugegen war, nur um den Preis der Revolution zu erfüllen ist, teilweise, zeitweise, solange und soweit nicht eine neue Form der Herrschaft sie wieder einkapselt und aufhebt.

Doch waren Las Casas utopische Gedankengänge nicht fremd. Er war ein Zeitgenosse des Thomas Morus und des Machiavell, des Rabelais und des Giovanni Botero. Im Jahr 1521 versuchte er nichts Geringeres als die Gründung seiner eignen *Nova Atlantis*. Das Unternehmen zeigt die Einheit von Theorie und Praxis, die für sein ganzes Werk charakteristisch ist. Es endete mit einer Katastrophe.

Auf seiner Audienz bei Karl V. hatte Las Casas dem Kaiser vorgeschlagen, zum Beweis dafür, daß seine Grundsätze der Praxis standhielten, eine Musterkolonie »des Pfluges und des Wortes« zu gründen. Der Kaiser sprach ihm durch ein Dekret den Distrikt von Cumaná in Venezuela zu, mit der Maßgabe, »daß kein spanischer Untertan dieses Gebiet in Waffen betreten darf«. Las Casas warb eine Schar von Bauern an, rüstete eine unbewaffnete Expedition aus und begann mit dem Aufbau seiner Kolonie. Überfälle der spanischen Soldateska, Einbrüche der Sklavenhändler in das befriedete Gebiet, Aufstände der erbitterten Indianer, Branntweinschmuggel und Gewalttaten haben diese Kolonie in kurzer Zeit vernichtet. Keine der Niederlagen, die Las Casas erfuhr, hat ihn tiefer getroffen.

Die Beweiskraft des Experiments hat sich bis heute nicht erschöpft. Es gibt keine friedliche Kolonisation. Nicht auf das Wort und den Pflug, sondern nur auf das Schwert und das Feuer läßt sich die koloniale Herrschaft gründen. Jede »Allianz für den Fortschritt« braucht ihre Gorillas, jede »friedliche Durchdringung« ist auf ein Bomberkommando angewiesen, und jeder »vernünftige Reformer« vom Schlage eines General Lansdale findet seinen Marschall Ky.

Bartolomé de Las Casas war kein Reformist. Der neue Kolonialismus, der heute die arme Welt beherrscht, kann sich nicht auf ihn berufen. In der entscheidenden Frage der Gewalt hat Las Casas nicht geschwankt. Die unterdrückten Völker führen, mit seinen Worten, »einen gerechten Kampf, dessen rechtmäßige Ursachen jeder vernünftige und Gerechtigkeit liebende Mann billigen wird«.

Dieser Kampf spielt sich vor unsern Augen ab. Der Krieg in Vietnam ist die Probe aufs Exempel: das Regime der reichen über die armen Völker, das Las Casas als erster beschrieb, steht dort auf dem Spiel. Die Schlagzeilen, die wir jeden Morgen im Briefkasten finden, beweisen, daß die Verwüstung der Indischen Länder weitergeht. Der *Kurzgefaßte Bericht* von 1542 ist ein Rückblick in unsere eigene Zukunft.

Tjöme, Norwegen
im Frühjahr 1966

Literaturhinweis

Die Literatur über Las Casas kann hier nicht verzeichnet werden: sie umfaßt viele hundert Titel. Aufgeführt werden deshalb nur die wichtigsten Erstausgaben, einige klassische Biographien, ein paar Arbeiten zum Problem der *leyenda negra*, ferner einige Titel aus der jüngsten Forschung, besonders Werke, in denen die Conquista unter dem Aspekt des Kolonialismus diskutiert wird. Im übrigen kann man die ganze ältere Literatur verzeichnet finden in José Toribio Medinas *Biblioteca Hispano-Americana* (1493 bis 1810), Santiago de Chile 1898 ff. Eine vorzügliche aktuelle Bibliographie gibt Lewis Hanke in seiner *Interpretation* (s. u.).

Apologética historia de las Indias. (Geschrieben ca. 1525.) Erstdruck, herausgegeben von Manuel Serrano y Sanz, Madrid 1909.

Del único modo de atraer a todos los pueblos a la verdadera religión. (Geschrieben ca. 1535.) Erstdruck, herausgegeben von Agustín Millares Carlo, México 1942.

Brevísima relación de la destrucción de las Indias occidentales. (Geschrieben 1541/42.) Sevilla 1552.

Veynte razones. (Geschrieben 1542.) Sevilla 1552.

Confesionario. Unos avisos y reglas para los confesóres que oyeren confesiones de los Españoles que son o han sido en cargo a los Indios de las Indias del Mar Océano. (Geschrieben 1546.) Sevilla 1552.

Principia quaedam ex quibus procedendum est in disputatione ad manifestandam et defendendam iustitiam Indorum. (Geschrieben 1547.) Sevilla 1552.

Obras. (Enthält die vier letztgenannten Schriften, ferner *El Indio esclavo* und die *Treynta proposiciones muy juridicas.*) Sevilla 1552. Zweite Auflage Barcelona 1646.

Disputa o controversia entre el Obispo D. Fray Bartolomé de Las Casas y el Doctor Ginés de Sepúlveda. (Aufzeichnung der Disputation von Valladolid aus dem Jahre 1550.) Barcelona 1646.

Historia general de las Indias. (Geschrieben 1527/66.) Erstdruck, besorgt von Antonio María Fabié, Madrid 1877 f. Kritische Ausgabe, herausgegeben von Agustín Millares Carlo, México 1949 ff.

Zahlreiche Schriften und Briefe von Bartolomé de Las Casas liegen bis heute ungedruckt im Archivo de las Indias zu Sevilla, und in den Bibliotheken, Museen und Archiven von London, Madrid, Paris und México.

Sir Arthur Helps, *Life of Las Casas*. London 1868.

Antonio María Fabié, *Vida y escritos de Fray Bartolomé de Las Casas*. Madrid 1877 ff. (Enthält einen Abdruck der *Brevísima relación* und anderer Schriften als Appendices.)

Genaro García, *Carácter de la conquista española en América y en México, según los textos de los historiadores primitivos*. México 1901.

F. A. MacNutt, *Bartholomew de Las Casas*. London 1909.

Julián Juderías, *La leyenda negra*. Barcelona 1926.

Marcel Brion, *Bartholomé de las Casas, Père des Indiens*. Paris 1927.

Constantino Bayle, *España en Indias. Nuevas ataques y nuevas defensas*. Vitoria 1934.

Lewis Hanke, *Las teorías políticas de Bartolomé de Las Casas*. Buenos Aires 1935.

Augustín Yáñez, *Fray Bartolomé de Las Casas: El conquistador conquistado*. México 1942.

Rómulo Carbia, *Historia de la leyenda negra hispano-americana*. Buenos Aires 1943.

Silvio Zavala, *¿ Las Casas, esclavista?* In: *Cuadernos Americanos* 3. México 1944.

Lewis Hanke, *Bartolomé de Las Casas: An Interpretation of his Life and Writings*. Den Haag 1951.

Lewis Hanke, *Bartolomé de Las Casas: Bookman, Scholar, and Propagandist*. Philadelphia 1952.

Frantisek Gel, *Biskup Bratr Don Bartolomé de Las Casas mnich řádu svatého Dominika*. Prag 1954. (Deutsch unter dem Titel *Las Casas: Leben und Werk*. Leipzig 1958. Enthält eine deutsche Fassung des *Kurzgefaßten Berichts*.)

Lewis Hanke, *Aristotle and the American Indian*. New York 1959.

La Conquista española de América según el juicio de la posteridad. Vestigios de la Leyenda negra. Madrid 1960.

Woodrow Borah und Sherwood Cook, *The Population of Central America in 1548*. Los Angeles 1960.

Woodrow Borah und Sherwood Cook, *The Aboriginal Population of Central Mexico on the Eve of the Spanish Conquest.* Los Angeles 1963.

Ramón Menéndez Pidal, *Bartolomé de Las Casas: Su doble personalidad.* Madrid 1963.

Marianne Mann-Lot, *Barthélemy de Las Casas: L'Evangile et la Force.* Paris 1964.

Lewis Hanke, *More Heat and Some Light on the Spanish Struggle for Justice in the Conquest of America.* In: *Hispanic American Historical Review.* August 1964.

Lewis Hanke, *The Bones of Cuauhtémoc.* In: *Encounter.* September 1965.

Dank für die Beschaffung von Büchern und Unterlagen schulde ich der Lateinamerikanischen Bibliothek in Berlin, der Universitätsbibliothek Frankfurt am Main, dem Verlag Koehler & Amelang in Leipzig und der Public Library in New York.

H. M. E.

Literatur und Reisen im insel taschenbuch

Johann Friedrich Abegg: Reisetagebuch von 1798. Mit zahlreichen Abbildungen. Herausgegeben von Walter und Jolanda Abegg in Zusammenarbeit mit Zwi Batscha. it 1013

Alt-Prager Geschichten. Gesammelt von Peter Demetz. Mit Illustrationen von Hugo Steiner-Prag. it 613

Alt-Wiener Geschichten. Gesammelt von Joseph Peter Strelka. Mit sechs farbigen Abbildungen. it 784

Das andere Ferienbuch. Vom Urlaub mit Hindernissen. Herausgegeben von Vera Pagin und Hans-Joachim Simm. it 1174

Ernst Batta: Obelisken. Ägyptische Obelisken und ihre Geschichte in Rom. it 765

Berlin im Gedicht. Herausgegeben von Barbara und Walter Laufenberg. it 851

Capri. Ein Lesebuch. Herausgegeben von Hans Bender und Hans Georg Schwark. it 1077

Hans Carossa: Erinnerungen an Padua und Ravenna. Zwei Kapitel aus ›Italienische Aufzeichnungen‹ von 1947. it 581

Chicago. Die Stadt der Superlative. Herausgegeben von Esther Gallwitz. Mit zahlreichen Abbildungen. it 769

Dublin. Herausgegeben von Elsemarie Maletzke. it 807

Gustav Faber: Denk ich an Deutschland. Neun Reisen durch Geschichte und Gegenwart. Mit Abbildungen. it 628

Das Ferienbuch. Literarische Souvenirs, aufgelesen von Vera Pagin und Hans-Joachim Simm. it 1082

Dominique Fernandez: Süditalienische Reise. Aus dem Französischen von Julia Kirchner. Mit farbigen Fotografien von Martin Thomas. it 1076

Florenz. Lesarten einer Stadt. Herausgegeben von Andreas Beyer. Mit zahlreichen Illustrationen. it 633

Theodor Fontane: Jenseit des Tweed. Bilder und Briefe aus Schottland. Mit zahlreichen Abbildungen und einem Nachwort herausgegeben von Otto Drude. it 1066

Georg Forster: Ansichten vom Niederrhein, von Brabant, Flandern, Holland, England und Frankreich im April, Mai und Junius 1790. Herausgegeben von Gerhard Steiner. it 1136

– Reise um die Welt. Herausgegeben und mit einem Nachwort von Gerhard Steiner. it 757

Manuel Gasser: Spaziergang durch Italiens Küchen. Mit Bildern von Manfred Seelow. it 391

Johann Wolfgang von Goethe: Italienische Reise. Mit vierzig Zeichnungen des Autors. Herausgegeben und mit einem Nachwort versehen von Christoph Michel. it 175

158/1/6.89

Literatur und Reisen
im insel taschenbuch

Johann Wolfgang von Goethe: Tagebuch der Italienischen Reise 1786. Notizen und Briefe aus Italien. Mit Skizzen und Zeichnungen des Autors. Herausgegeben und erläutert von Christoph Michel. it 176

– Tagebuch der ersten Schweizer Reise 1775. Mit den Zeichnungen des Autors und einem vollständigen Faksimile der Handschrift, herausgegeben und erläutert von Hans-Georg Dewitz. it 300

Heidelberg-Lesebuch. Stadt-Bilder von 1800 bis heute. Herausgegeben von Michael Buselmeier. it 913

Heinrich Heine: Italien. Mit farbigen Illustrationen von Paul Scheurich. it 1072

Hermann Hesse: Mit Hermann Hesse durch Italien. Ein Reisebegleiter durch Oberitalien. Mit farbigen Fotografien. Herausgegeben von Volker Michels. it 1120

Alexander von Humboldt: Vom Orinoko zum Amazonas. 2 Bde. in Kassette. Reise in die Äquinoctial-Gegenden des neuen Kontinents. Herausgegeben von Ottmar Ette. Mit zahlreichen Abbildungen. it 990

Im fernen Osten. Forscher und Entdecker in Tibet, China, Japan und Korea 1689-1911. Herausgegeben von Georg Adolf Narciß. it 853

Istanbul. Herausgegeben von Esther Gallwitz. Mit Illustrationen von Thomas Allom. it 530

Samuel Johnson: Reisen nach den westlichen Inseln bei Schottland. Nach einer anonymen Übertragung aus dem Jahr 1775. Herausgegeben von Volker Wolf und Bernd Zabel. Mit zahlreichen Abbildungen. it 663

Erhart Kästner: Griechische Inseln. Aufzeichnungen aus dem Jahre 1944. Mit einem Nachwort von Heinrich Gremmels. it 118

– Kreta. Aufzeichnungen aus dem Jahre 1943. Mit einem Nachwort von Heinrich Gremmels. it 117

– Die Lerchenschule. Aufzeichnungen von der Insel Delos. it 57

– Ölberge, Weinberge. Ein Griechenland-Buch. Mit Zeichnungen von Helmut Kaulbach. it 55

– Die Stundentrommel vom heiligen Berg Athos. it 56

Kairo. Die Mutter aller Städte. Herausgegeben von Ursula Beyer. Mit zahlreichen Abbildungen. it 696

Kennst du das Land, wo die Zitronen blühn. Italien im deutschen Gedicht. Herausgegeben von Peter Hamm. it 927

Leipzig. Ein Städte-Lesebuch. Herausgegeben von Esther Gallwitz. it 1083

Carl von Linné: Lappländische Reise. Mit Zeichnungen des Autors. Aus dem Schwedischen übersetzt von H.C. Artmann unter Mitwirkung von Helli Clervall. it 102

158/2/6.89

Literatur und Reisen
im insel taschenbuch

Lissabon. Ein Städtebuch. Herausgegeben von Ellen Heinemann. it 1195

London. Eine europäische Metropole in Texten und Bildern. Herausgegeben von Norbert Kohl. it 322

Loreley. Gedichte, Prosa, Bilder. Ein Lesebuch von Wolfgang Minaty. Mit zahlreichen Abbildungen. it 1065

Doris Maurer / Arnold E. Maurer: Literarischer Führer durch Italien. Ein Insel-Reiselexikon. Mit zahlreichen Abbildungen, Karten und Registern. it 1071

Michel de Montaigne: Tagebuch einer Reise durch Italien. Aus dem Französischen von Otto Flake. it 1074

München. Ein Lesebuch. Herausgegeben von Reinhard Bauer und Ernst Piper. Mit zahlreichen Abbildungen. it 827

Fred Oberhauser / Gabriele Oberhauser: Literarischer Führer durch Deutschland. Ein Insel-Reiselexikon für die Bundesrepublik Deutschland und Berlin. Mit Abbildungen, Karten und Registern. it 527

Paris. Deutsche Republikaner reisen. Herausgegeben von Karsten Witte. it 389

Prag. Ein Lesebuch. Herausgegeben von Jana Halamíčková. Mit zahlreichen Abbildungen. it 994

Heddy Pross-Weerth: Moskau. Von der Siedlung im Wald zur Kapitale einer Weltmacht. it 467

Marcel Proust / Eugène Atget: Ein Bild von Paris. Texte und Photographien. Herausgegeben von Arthur D. Trottenberg. it 669

Der Rhein. Seine poetische Geschichte in Texten und Bildern. Herausgegeben von Helmut J. Schneider. it 624

Rom. Ein Städtelesebuch. Herausgegeben von Michael Worbs. it 921

Rom im Gedicht. Herausgegeben von Pascal Morché. it 1176

Barbara Schnyder-Seidel: Goethes letzte Schweizer Reise. Mit zeitgenössischen Illustrationen. it 375

Stendhal: Rom, Neapel und Florenz im Jahre 1817. Aus dem Französischen von Katharina Scheinfuß und Bernhard Frank. it 1073

Toskana. Ein literarisches Landschaftsbild. Herausgegeben von Andreas Beyer. Mit Fotografien von Loretto Buti. it 926

Venedig. Herausgegeben von Doris Maurer und Arnold E. Maurer. Mit zahlreichen Abbildungen. it 626

Venedig im Gedicht. Herausgegeben von Pascal Morché. it 920

Dietmar Grieser: Wiener Adressen. Ein kulturhistorischer Wegweiser von Dietmar Grieser. it 1203

158/3/6.89

Italienische und spanische Literatur im insel taschenbuch

Pietro Aretino: Kurtisanengespräche. Aus dem Italienischen von Ernst Otto Kayser. Mit Anmerkungen des Übersetzers und einem Nachwort von Helmuth Faust. it 948

Giambattista Basile: Das Märchen aller Märchen. ›Der Pentamerone‹. 5 Bde. Deutsch von Felix Liebrecht. Herausgegeben und mit einem Nachwort versehen von Walter Boehlich. it 354

Cesare Beccaria: Über Verbrechen und Strafen. Nach der Ausgabe von 1766. Übersetzt und herausgegeben von Wilhelm Alff. it 1068

Die Wahrheiten des G. G. Belli. Römer, Huren und Prälaten. Eine Auswahl seiner frechen und frommen Verse. Vorgestellt und aus dem Italienischen übertragen von Otto Ernst Rock. it 754

Die Blümlein des heiligen Franziskus von Assisi. Aus dem Italienischen nach der Ausgabe der Tipografia Metastasio, Assisi 1901, von Rudolf G. Binding. Mit Initialen von Carl Weidemeyer. it 48

Boccaccio: Erotische Geschichten. Ausgewählt aus dem Dekameron des Giovanni di Baccaccio. Aus dem Italienischen von Albert Wesselski. Mit einem Aufsatz von Friedrich Schlegel und Zeichnungen von Jakob Schwarzkopf. it 1078

Benvenuto Cellini: Leben des Benvenuto Cellini florentinischen Goldschmieds und Bildhauers. Von ihm selbst geschrieben, übersetzt und mit einem Anhange herausgegeben von Johann Wolfgang Goethe. Mit einem Nachwort von Harald Keller. it 525

Miguel de Cervantes Saavedra: Die Novellen. Übersetzt von Konrad Thorer. it 1007

– Der scharfsinnige Ritter Don Quixote von der Mancha. 3 Bde. Mit einem Essay von Iwan Turgenjew und einem Nachwort von André Jolles. Mit Illustrationen von Gustave Doré. Textrevision nach der anonymen Ausgabe 1837 von Konrad Thorer. it 109

Collodi: Pinocchios Abenteuer. Aus dem Italienischen von Nino Erné. Mit farbigen Bildern von Sabine Friedrichson. it 1047

Hernán Cortés: Die Eroberung Mexikos. Drei Berichte von Hernán Cortés an Kaiser Karl V. Mit 112 Federlithographien von Max Slevogt. Übersetzungen von Mario Spiro und C. W. Koppe. Herausgegeben von Claus Litterscheid. it 393

Dante: Die Göttliche Komödie. Mit fünfzig Holzschnitten von Botticelli. Deutsch von Friedrich Freiherr von Falkenhausen. 2 Bde. it 94

Federico García Lorca: Die dramatischen Dichtungen. Deutsch von Enrique Beck. it 3

Bartolomé de Las Casas: Kurzgefaßter Bericht von der Verwüstung der Westindischen Länder. Herausgegeben von Hans Magnus Enzensberger. Deutsch von D. W. Andreä. it 553

168/1/6.89

Italienische und spanische Literatur im insel taschenbuch

Giacomo Leopardi: Gedichte und Prosa. Ausgewählte Werke. Ausgewählt und übersetzt von Ludwig Wolde. Mit einem Nachwort von Ralph- Rainer Wuthenow. it 104

Ippolito Nievo: Pisana oder die Bekenntnisse eines Achtzigjährigen. Roman. Aus dem Italienischen von Charlotte Birnbaum. it 880

168/2/6.89